대학원에서 살아남는 레시피

대학원에서 살아남는 레시피

초판 발행 2023년 2월 24일
지은이 김창현
발행인 강재영
발행처 애플씨드
출판사 등록일 2021년 8월 31일 (제2022-000065호)
주소 경기도 고양시 일산동구 일산로 241
대표전화 031) 901-2679
이메일 appleseedbook@naver.com

기획 이승욱
편집 장원정
표지 디자인 유어텍스트
본문 디자인 홍원규(너의오월)
CTP출력/인쇄/제본 (주) 에스제이 피앤비

ISBN 979-11-978626-4-9 (13370)

애플씨드에서 여러분의 소중한 원고를 기다립니다.
appleseedbook@naver.com

입학부터 학위논문까지

대학원에서
살아남는
레시피

김창현 지음

애플씨드

"국내 대학원생으로 살아남기 위한 레시피"

2021년 한 해, 국내 대학에서 박사학위를 받은 사람은 1만 6,420명, 석사학위를 받은 사람은 8만 30명으로 총 9만 6,450명이 대학원 졸업장을 가져갔다. 매년 9만 명 넘는 대학원생이 사회에 쏟아져 나온다(교육통계 서비스). 어쨌든 이들은 졸업장을 쟁취한 사람들이다. 그런데 아직 졸업장을 쟁취하지 못한 대학원생들에게 이 숫자들은 비현실적으로 느껴질 것이다.

많은 사람들이 여러가지 이유로 대학원을 선택한다. 대학원 진학을 고민하는 사람은 대학원생을 찾아가서 대학원 생활에 대해서 물어보기도 한다. 대학원 진학 전에 이런저런 정보를 알아보고자 하지만, 그마저 쉽지는 않다. 그렇다면 대학원을 가고 싶은 사람은 어떻게 해야 할까?

대학원에 오래 몸담았던 사람으로서 대학원 진학을 고민하는 사람들에게 무언가를 이야기해 주어야 할 필요성을 느꼈다. 대학원을 선택하는 기준, 대학원 생활을 잘하기 위한 방법, 진로 탐색, 대학원 내에서 무력감을 이기는 방법, 취업 시 유의 사항 등……. 대학원에 발 딛는 순간부터 생각지도 못한 현실적인 어려움에 부딪히며 "대학원이 이런 곳이었어?"하고 놀랄 수 있기 때문이다.

7년간 대학원 생활을 하면서 가장 큰 문제는 경제적 어려움이었다. 4인 가족이 살려면 만만찮은 생활비가 필요하다. 필자는 주말에 학원에서 아르바이트를 하면서 틈틈이 프로젝트도 하고, 시간강사를 하면서 생계를 이어왔지만, 일반 직장인이 아닌 이상 버텨 내기 힘들 때도 많았다.

두 번째는 돈 버는 친구들과 자신을 비교하면서도 자존감을 지켜 내는 일이었다. 분명히 돈을 버는 친구들은 때깔부터 달랐다. 공부도 일만큼 가치 있는 일이라 스스로를 다독였지만, 내심 돈 벌고 싶다는 생각을 한 적이 한두 번이 아니었다. 자존감을 지키고 공부를 해 나가는 것은 큰 숙제였다.

세 번째 문제는 학위논문이었다. 석사논문은 심사에서 떨어질 뻔하다 간신히 통과했다. 박사 과정 수료 후에는 2년 반 동안 수입이 거의 없는 상황에서 논문을 썼다. 미래는 암울했고 논문은 막막했다. 200페이지 가까이 되는 논문을 방망이 깎는 노인처럼 채워 나갔다. 논문을 마무리한 뒤, 도망치듯 취업 시장으로 탈출했다.

대학원을 졸업하고 많은 사람들을 만나면서, 의외로 대학원 생활에 대해 구체적인 이야기를 해 주는 사람이 없다는 것을 알게 되었다. 대학원생은 학교에 비싼 등록금을 내고 공부를 하면서도 지도교수를 어떻게 만나야 하는지, 발제는 어떻게 해야 하는지, 글은 어떻게 써야 하는지, 논문 주제는 언제쯤 어떤 방법으로 잡아야 하는지에 대한 정보들을 얻지 못하고 힘들어 한다. 박사 과정 시절, 나는 자주 후배들과 대학원 생활이란 무엇인가, 논문이란 무엇인가, 학문이란 무엇인가, 사회과학이란 무엇인가에 대해 이야기를 나누었다. 다행히 후배들은 내 이야기를 재미있게 들어 주었다. 필자 역시 많은 선배들로부터 조언을 듣고 대학원 생활의 팁을 얻었다. 지금 대학원생들은 그런 '이야기'를 누구에게 듣고 있을까? 대학원 후배들에게 필요했던 이야기라면, 대학원을 준비하는 사람들에게도 필요한 이야기가 아닐까 싶었다.

이 책은 4부로 나눠져 있다. 1부에서는 대학원 진학을 고민하는 사람들이 따져 볼 문제와 입학을 준비하는 방법, 2부에서는 대학원 생활에서 느꼈던 어려움과 최소한이라도 해결을 모색하는 방법을 담았다. 3부에서는 대학원생의 숙명이자 숙제라고 할 수 있는 글쓰기와 논문 쓰기에 관한 내용을 다루었다. 시중에 글쓰기에 관한 글과 책은 넘쳐나고, 논문 쓰기에 대한 글과 책도 마찬가지이다. 구글에 'How to write a dissertation'이라고 검색하면 친절하게 쓰인 글을 수도 없이 접할 수 있다. 그러나 짧은 블로그형의 글에서 학문적 글쓰기를 A부터 Z까지 모두 다루기는 어렵다. 서론은 서론 나름대로, 결론은 결론 나름대로 포인트와 주의할 점이 있기 때문이다. 학문적 글쓰기 요령을 사례와 함께 이해하기 위해서는 학술적 글쓰기에 도움이 될 만한 책 한 권을 옆에 두는 것이 좋을 것이다. 그리고 4부에서는 '학위 취득자'의 현실적인 진로에 대한 내용을 다루었다.

이 책에서 필자는 대학원 생활을 먼저 겪은 사람으로 필자의 경험을 풀어 놓았다. 대학원을 준비하는 대학생과 직장인들에게, 대학원 생활을 어려워하는 대학원생에게 도움이 되었으면 한다. 이 책에 나오는 조언은 필자의 경험에서 나온 것이기 때문에 완벽할 수 없으니, 대학원 내 중요한 의사 결정을 할 때는 지도교수나 동료 학자들과 상의하여 결정하기를 권장한다.

대학원에 갈 것인가
말 것인가

Chapter

01

대학원 진학 때 고려할 것들

당신은 공부를 잘하는가, 공부를 좋아하는가

당신은 학부 졸업반이다. 마음이 무겁다. 취업은 쉽지 않고, 전문직 자격증을 따 놓은 것도 아니고, 그렇다고 해서 영어 성적이 특별히 좋은 것도 아니다.

스멀스멀 다음과 같은 생각이 피어오른다.

"대학원이나 갈까?"

그래서 당신은 대학원에 대해서 알아보기 시작한다. 대학원이 뭐하는 곳이지? 학문을 하는 곳이다. 무엇을? 우리가 학부 때 접했던 경제학, 사회학, 정치학, 심리학, 사회복지학, 행정학, 지리학 그런 과목들을 보다 구체적으로 연구하여 '학위논문'을 써야 졸업할 수 있는 곳이다. 물론 최근 들어 일부 전문대학원에서는 학위논문을 쓰지 않아도 졸업할 수 있는 곳도 있다. 그러나 대부분 일반대학원에 진학한다면, 당신은 '학위논문'이라는 무시무시한 것을 써야 졸업할 수 있다.

당신은 알아본다. 대학원에 있는 친척들에게 전화를 해서 물어보기도 하고, 또 대학원을 졸업해서 취직한 지인들에게 전화를 걸기도 한다. 대학원을 잘 모르는 상태에서 빠지기 쉬운 오류 중 하나는 대학원이 대학교 즉 학부의 연장이라고 생각하는 것이다. 대학원은 절대로 대학교 시즌2가 아니다! 학부 교육 과정이 시험과 숙제 위주라면 대학원 과정은 세미나와 발제, 그리고 연구 보고서 제출이 주를 이룬다. 교수의 강의를 듣고 외워서 시험을 보는 것이 아니라 대학원생 스스로가 논문을 읽고 이해하고, 요약해서 토론해야 한다.

대학원의 스케줄은 학위논문을 중심으로 돌아간다고 해도 과언이 아니다. 그래서 대학원 사회에 있으면, "당신은 어디에 관심이 있느냐?", "학위논문은 무엇을 쓸 생각이냐?"는 질문을 숨 쉬는 것처럼 많이 듣게 된다. 당신의 관심, 당신의 연구 주제가 중요하다. 그리고 최종적으로 학위논문으로 자신의 연구 능력을 증명해야 한다. 학교에 따라 다르지만, 석사논문은 50~100페이지 분량의 논문을 제출해야 한다.(논문 분량은 학교마다 다르니 참고하자.) 박사 논문을 쓰려면 혼자서 연구를 기획하고 최소 100~200페이지, 많게는 300페이지 분량의 글을 집필해야 한다. (박사학위논문을 쓰고 나면 무슨 글이든 뚝딱 써 낼 것 같은 생각마저 든다. 물론 착각이다.) 논문을 쓴다고 끝이 아니다. 학계의 권위자, 주로 관련 분야를 연구하는 교수들을 모시고 정식으로 '심사'를 해서 통과해야 졸업할 수 있다. 학위논문을 쓴다는 것은 사회에 나가 혼자서 연구를 수행하기 위한 훈련 과정인 셈이고, 심사는 그를 인증하는 절차이다.

필자가 대학원에 다닐 때 본의 아니게 수많은 상담을 하였다. 이른바, 진학 상담이다. 대학원에 가면 뭘 배우게 되는지, 본인의 사정이 이러한데, 대학원에 가도 될지, 어떤 세부 전공이 유망한지, 각 교수님들의 성향은 어떤지 등 질문은 끝이 없었다. 그 많은 질문의 덩어리는 "내가 대학원에 가야 할까요?"라는 질문으로 모아졌다.

필자의 대답은 대부분 "오지 말라."는 것이었다. 전략적인 선택이었다. 오지 말라고 해도 의지가 강하면 대학원에 진학을 할 것이다. 그럴 정도의 의지가 있으면 잘할 가능성이 높다. 하지만 호기심으로 여기도 한번 알아볼까 하는 마음으로 물어본 경우에는 대학원이 그렇게 만만한 곳이 아니라고 알려 주고 싶었다.

사람들은 다양한 동기와 이유를 지니고 대학원에 진학한다. 공부가 좋아서 학문을 평생의 업으로 삼고 싶은 사람도 있을 것이고, 학생 신분을 2년 정도 연장하고 이런저런 진로 탐색의 시간을 갖거나 입대를 유예할 수도 있다. 자기가 다닌 학과가 아닌 다른 전공을 선택해 공부해 보고 싶은 사람도 있을 것이다. 이공계의 경우 취업했을 때 연봉이 높아지리라 기대하고 대학원에 진학하는 경우도 있었다. 대학원 진학의 동기와 대학원 경험은 연구실, 학과, 학교에 따라 천차만별이다.

대학원 진학은 '학계(academic society)'라고 부르는 직군으로 첫 발을 내딛는 것이라고 할 수 있다. 학계는 지식을 생산하는 사람들의 사회이다. 그러므로 대학원 '진학'은 중학교에서 고등학교로 '진학'하는 것과 같은 의미로 생각해서는 곤란하다. 학계의 꽃은 논문이다. 흔히 저널(journal)이라 부르는 '학술지'에 논문을 게재(publish)하는 것이 연구자가 할 일이다. 논문 게재는 자신의 연구 성과를 학계에 보고한다는 의미이며, 대학원에서 '학위논문'을 쓰게 하는 이유이기도 하다. 대학원 과정은, 논문을 쓸 수 있고 지식을 생산할 수 있는 연구자를 양성해내는 훈련소이다.

따라서, 대학원은 공부를 좋아하는 사람에게 유리하다. 공부를 '좋아한다'는 것은 공부를 '잘한다'는 의미와 다르다. 공부를 잘하는 것은 주어진 범위를 공부해서 시험에서 좋은 성적을 받는 것이라면, 공부를 좋아하는 것은 사물에 대해서 질문하고, 답하고, 답하기 위해서 조사를 진행하는 등 전반적인 과정을 즐긴다는 의미이다. 전자의 경우라면 대학원보다 더 빠른 성취감을 얻을 수 있는 곳으로 갈 것을 고려할 필요가 있다.

대학원을 꼭 가야만 하는 사람들도 있다. 전문대학원을 가서 어떤 자격증을 얻어야 특정 직업에 종사할 수 있는 경우가 그렇다. 교원 자격증이 필요해서 교육대학원에 가야 하는 경우가 대표적이다. 법률가가 되려면 법률전문대학원에 진학해야 한다. 혹은 직장에서 승진하기 위해 대학원에 진학하기도 한다.

이와 같은 경우가 아니라면, 일반대학원에 진학하는 것은 철저히 본인의 선택이다. 당신이 공부를 '좋아하는' 사람이라면, 대학원 진학은 분명 추천할 만한 선택이다. 선택에서 가장 중요한 점은 '나는 공부하기를 좋아하는 성향인가?'하는 점이다. 석사부터 박사를 마치기까지 짧게는 6년, 길게는 그 이상의 시간을 들여 대학원 생활을 버텨야 한다. 그래서 가장 중요한 지점은 자기 자신에 대한 이해라고 할 수 있다.

대학원 진학을 결심한 이유를 명확하게 이해하고 있는 것은 중요하다. 석사 과정이라 하더라도 2년 여라는 만만찮은 시간과 대학원 학비와

생활비라는 기회 비용이 동시에 발생한다. 대학원 진학이라는 선택은 긴 시간 동안 여러 번 도전 받을 것이다. 여러분이 대학원 진학을 선택한 이유가 분명하다면, 나중에 '대학원을 계속 다녀야 할까?'를 고민할 때 명료하게 판단할 수 있을 것이다.

대학원의 중요한 파트너, 지도교수

지도교수는 여러분이 논문을 쓸 수 있도록 도와주는 교육자이며, 함께 연구하는 연구자이고, 또 여러분이 공부하는 방법을 가장 많이 배우게 될 모델이다. 영어로 논문 지도교수는 조언자(advisor) 혹은 감독자(supervisor)라고 표현한다. 영미권 대학에서 지도교수는 교사(teacher)나 교육자(educator)보다는 학문적 조언자에 가깝다고 표현된다. 현실적으로 한국 대학원에서 체감하는 지도교수는 조언자 이상의 의미를 갖는다. 나아가, 지도교수는 최종적으로 대학원의 졸업 여부를 결정짓는 사람이라고 해도 과언이 아니다. 싫든 좋든 여러분은 대학원을 졸업할 때까지 지도교수와 함께 가야 하기 때문에 지도교수는 대학원 생활의 '파트너'라고 해도 무리가 없을 것이다.

진학과 관련하여, 지도교수를 알아보는 것보다 중요한 일은 없다. 왜냐하면, 여러분이 공부할 분야와 지도교수 선택이 바로 연결되어 있기 때문이다. 여러분이 대학원에 가서 '역사지리학', '비교종교학', '현상학'이라는 특정 분야를 공부하려고 한다 치자. 진학하려고 하는 대학에 바로 그러한 분야를 전공한 교수가 다 있는 것은 아니다. 특정 교수에게 지도를 받는 수밖에 없다. 그중 어떤 지도교수와 공부할지 진학 전 심각하게 고려할 필요가 있다.

지도교수는 대학원 생활뿐 아니라 학계에 머무는 한 여러분에게 크나큰 영향을 주는 요인이다. 지도교수가 엄청나게 유명한 학자라면, '누구의 제자'라는 이유만으로 학계에서 관심을 끄는 데 유리하다. 그러한 상황에 마이너스 요소도 있지만, 유명한 지도교수를 둔 것은 분명히 자산이다.

대학원 진학 시, 지도교수는 '선택'하는 것이 아니라 '주어진' 영역이라고 생각하기 쉽다. 학부 시절에 조금 관심이 있는 연구실이 있어서 교수와 상담을 하다가 그 연구실에 곧바로 출근을 하게 되는 경우도 있다. 과연 바람직한 일일까? 수업을 들을 때 멋있다고 해서 꼭 자신에게 가장 잘 맞는 지도교수가 아닐 수 있다. 수업에서는 그다지 매력을 뽐내지 못하지만, 학계에서 훌륭한 연구 실적을 내고 있어 그 분야에서 대가의 반열에 오른 연구자인 경우도 있다. 지도교수를 선택하는 것은 여러분의 권리이기 때문에 신중하게 선택해야 하며, 선택에 따른 책임도 수반된다. 그렇다면 자신과 잘 맞는 지도교수를 선택하기 위해서 어떤 점을 고려할 지 알아보도록 하자.

◎ 나의 학문적 관심사와 연구 주제가 닿아 있는가?

지도교수의 학문적 관심사와 연구 주제는 여러분이 가장 먼저 고려할 요소이다. 대학원은 단순히 '공부'를 하러 가는 것이 아니라, '어떤 특정한 전문 지식'을 익히러 가는 것이기 때문이다. 역사학이라 하더라도 서양사학과 동양사학이 있고, 서양사학 중에서도 유럽사와 미국사 등으로 다양한 범주가 있으며, 유럽이라 하더라도 고대, 중세, 근대 등 시기적으로 다양한 시대를 다룰 것이다. 같은 시대라 하더라도 정치사, 경제사, 문화사 중 어디에 초점을 두는지 따라서 논문의 방향은 완전히 달라질 수 있다.

바다와 같이 넓은 학문 분야에서 연구자는 각자 자신의 관심사와 전문 분야를 연구한다. 그리고 여러분이 할 일은 자신의 학문적 관심사와 가장 가까운 교수님을 알아보는 것이다. 자신이 '19세기 동유럽의 빈곤 문제와 위생 상태'라는 주제로 석사논문을 쓰고 싶다면, 이 분야에 관련한 논문을 찾아보고, 논문을 집필한 교수에 대해 알아봐야 한다.

안타깝게도, 한국에서 여러분의 관심사에 정확히 일치하는 교수를 찾기 어려울 수도 있다. 조급하게 생각하지 말자. 세부 분야가 조금 다르더라도 관련 분야의 교수라면 여러분이 쓰고 싶어하는 주제에 대해서 석사논문 정도는 훌륭하게 지도해 줄 수 있다. "한국엔 내 관심 분야를 전공한 사람이 없어."라고 단정짓는 사람들이 있다. 대학원 때 그런 이야기를 하는 사람들은 정작 자신의 관심 분야를 전공하는 교수가 누구인지조차 모르는 경우가 허다했다. 이런 말을 하는 본인이 전공자를 못 찾았을 가능성도 상당히 높다. 자신의 관심 분야를 지도해 줄 수 있는 분을 찾기 위해서 인터넷 검색은 기본이고, 인맥 학맥을 총동원하여 자신의 관심 분야와 맞는 교수를 물색하자.

이와 같은 조사를 통해, 자신의 연구 분야에 맞는 교수를 찾았다면 그 학교로 진학하는 것이 좋다. 그러나 본인의 여건 때문에 그 교수가 계신 학교에 진학하지 못할 수도 있다. 이런 경우라도 당신이 연구하려는 주제에 대해 흥미를 높이고 중요성을 알게 되었을 것이다. 이는 반드시 필요한 과정이다. 연구 분야에 맞는 교수가 없거나 그 교수가 계신 학교로 진학하지 못한다면, 당신이 하고자 하는 주제에 대해서 지지하는 교수도 선택지로 둘 수 있다. 예를 들어 18세기 후반 동유럽의 빈곤과 위생 문제를 다루고 싶다면, 최소한 유럽 근현대사에 관심을 둔 교수를 선택하는 것이 바람직하다.

만약, 여러분의 논문에 관심이 있을 만한 교수인데, 현실적 문제 때문에 지도교수로 선택할 수 없다면, 학위논문 쓰는 과정에서 논문 심사자로 신청할 수 있다. 예를 들어, 자신이 A대학의 홍길동 교수에게 논문을 지도받는데 B대학의 이몽룡 교수가 당신의 세부 전공 분야와 일치한다면, 이몽룡 교수가 여러분이 쓰게 될 학위논문의 심사자로 참여할 수 있다. 세부 전공 분야가 일치하는 교수가 있다면, 본인의 논문 지도교수에게 그러한 사정을 잘 설명하고 심사자로 초청하는 방법이 있음을 상기하자.

사람들은 보통 자신이 구체적으로 무엇을 연구할지에 대한 고민이 부족한 상태로 대학원에 진학한다. 대학원에 가면 배우는 것이 많고 시야가 넓어지기 때문에 관심사가 바뀌기도 한다. 그러다 보니, 대학원에 입학해서야 부랴부랴 자신의 주제를 고민하고, 이때 자신의 지도교수가 그 분야에 정통하지 않음을 깨닫는 경우도 종종 발생한다. 자신이 연구할 분야를 분명히 알고 있다면 이런 문제를 조금은 피할 수 있을지 모른다. 그렇기 때문에 자신의 학문적 관심사를 사전에 명료하게 하는 것이 중요하다. 학문적 관심사가 흔들리면, 대학원 생활 전반이 흔들리기 때문이다.

세부 전공만이 아니라 '방법론(methodology)'도 중요하다. 학부를 갓 졸업한 사람이라면 방법론이란 단어가 낯설게 들릴 수 있다. 대학원에서 방법론은 숨 쉬는 것처럼 많이 듣게 되는 단어이다. 방법론이란 자신이 주장하는 어떠한 결론에 도달하기 위한 방식이다. 대표적으로 수치와 통계에 기반한 양적 방법론(quantitative methodology), 참여 관찰이나 심층 인터뷰와 같은 질적 방법론(qualitative methodology)이 있다. 방법론마다 장단점이 있다. 양적 방법론은 수치와 통계를 통해서 자신의 주장을 증명하기 유용한 측면이 있으며, 나중에 취업 시장에서도 자신이 통계를 할 줄 안다는 점을 어필하기 유리하다. 그런데 그만큼 비슷비슷한 스타일로 연구하는 사람도 많다. 질적 방법론을 사용하면, 말과 글의 맥락과 행간의 의미를 찾아내려는 훈련이 필요하다. 취업 시장에서 이것 또한 엄청난 강점이다.

이론적으로 연구를 하는 과정에서 자신의 연구 분야나 주제를 정하고 그다음으로 거기에 맞는 방법론을 고민하는 것이 필요하다. 그러나 현실적으로는 본인이 어떤 방법론을 선호하는지 미리 알고 있을 필요가 있고, 이러한 선호는 논문 작성 전반에 영향을 준다.

그래서 지도교수가 어떤 방법론에 익숙한 연구자인지 고려할 필요가 있다. 연구자에 따라 양적 방법에 특화된 사람도 있고, 질적 방법을 더 자주 사용하는 사람도 있다. 이 차이는 상당히 중요하다. 자신이 독특한 양적 방법론을 사용하여 사회과학 논문을 작성하고 싶다면, 자신의 방법론을 어느 정도 이해하고 조언해 줄 분을 지도교수로 택하는 편이 좋을 것이다. 주제와 상관없이 방법론만 맞추라는 의미는 아니다. 당연히 주제가 먼저이다.

교수의 학문적 관심사와 방법론을 알아보는 것은 대학원 입학 준비의 기본이다. 학과 홈페이지에 들어가면 교수의 경력과 대표 논문을 통해 연구 주제를 볼 수 있다. 구글이나 논문 검색 사이트에서 교수명을 넣으면 논문이나 칼럼 등을 찾아볼 수 있으니 참고하자.

◎ 나와 맞는 사람일까?

논문을 쓰는 것도 사람과 사람이 만나서 하는 일이라 인간 관계가 중요하다. 좋은 관계를 위해 노력하는 것도 중요하지만, 애초에 성향이 맞는 교수를 만나는 것도 중요하다. 학생이 교수의 성향을 조사하고 다닌다는 것이 조금 무례(!)하게 들릴 수도 있지만, 교수가 자신과 맞는 사람일지 한번 생각해 볼 필요가 있다.

대학원에 가기 전에는 교수에 대해서 알 수 있는 길은 제한적이다. 홈페이지의 연구 실적이나 연구 분야만 보아서는 그 사람이 어떤 사람인지 알 길이 없다. 학과 홈페이지에 교수의 MBTI를 기재해 줬으면 하는 생각이 들 때도 있다. 혈액형과 별자리까진 바라지 않겠지만 말이다.

교수가 어떤 사람인지 아는 최고의 방법은 그분의 학부 수업을 들어 보는 것이다. 학부 수업을 듣게 되면 오랫동안 그 교수를 접하게 된다. 여러분이 그 교수님과 한 번 약속을 잡고 만나서 진로에 대해서 상담을 나누는 것과는 비교도 되지 않을 정도로 많은 정보를 얻을 수 있을 것이다.

그분이 같은 학교가 아니라면? 사전에 양해를 구하고 수업을 청강(비공식적으로 특정 수업을 듣는 것을 의미한다.)하는 방법이 있다. 사실 대학은 등록금을 내고 다니는 공식 교육 기관이긴 하지만, 청강이 용인되는 경우도 있다. 교수님께 미리 양해를 구하고 청강을 요청할 경우, 운이 좋으면 교수님의 재량으로 청강을 허락해준다. 물론 용감하게 다른 학교에 가서 학점과 상관없이 수업을 듣고 온다는 것이 굉장히 귀찮고 어려운 일이지만, 교수님을 알아보기에 그보다 좋은 방법이 별로 없다.

조금 무모하게 들리겠지만 대학원 수업을 청강하는 것도 가능하다. 교수님에게 이메일 등으로 대학원 수업을 청강할 수 있는지 정중하게 여쭤 보자. 가능하다면, 대학원 수업의 실체를 미리 경험할 수 있다는 점에서도 이득이다. 필자는 대학원 다니면서 학부생이 대학원 수업에 청강 들어오는 것을 심심찮게 보았으며, 그런 학생들 중 몇몇은 훌륭한 연구자로 성장했다. 다만 대학원 수업 청강 시, 해당 대학교 규정상 문제가 없는지 사전에 체크해 보아야 할 것이다.

현재 대학원생에게 교수의 성향을 물어보는 것도 필요하다. 운이 좋다면, 관심 있는 교수에 대한 정보는 물론 대학원 생활 전반에 도움되는 이야기를 들을 수 있을 것이다. 여기에 몇 가지 함정도 있다. 대학원생이 솔직한 이야기를 그대로 해줄지 확실치 않다. 그들 역시 이해관계자이기 때문이다. 자칫 잘못하면 정보를 캐고(?) 다닌다는 오해를 살 수 있으니 정중하게 적절한 어휘를 사용해서 대화를 나눌 필요가 있다.

연구실에서 공부하는 대학원생을 만나야 하는 이유는 또 있다. 그 사람들이 당신의 미래의 선배가 될 수도 있기 때문이다. 그 사람들의 현재 모습이 당신의 몇 년 뒤 모습이 될 수도 있다. 그 사람들이 대학원에서 꿈을 가지고 열심히 공부하고 있다면 여러분도 그렇게 될 가능성이 높다. 요즘 대학원생들에게 지도교수뿐 아니라 연구실 선배의 갑질 역시 스트레스의 원인이 된다는 보고가 있기 때문에 대학원생의 성향 역시 미리 파악해 볼 필요가 있다.[1] 어디를 가더라도 사람으로 인한 스트레스를 받지 않고 살 수는 없지만, 위험 요소를 미리 파악하는 것은 중요하다.

그 교수를 지도교수로 해서 졸업한 사람도 만날 수 있다면, 만나서 이야기를 들어보자. 그렇다면 아마도 대학원생과 대화 나누는 것과는 또 다른 결의 이야기를 들을 수 있을지도 모른다. 이렇게 해서 얻은 정보는 나중에 여러분이 좋은 선택을 하기 위한 중요한 자산이다.

◎ 대학원에서 내가 무엇을 하고 싶은가

지도교수를 선택할 때, 고민의 핵심은 여러분의 미래이다. 여러분이 석사를 시작하기 전부터 박사 유학을 고려하고 있다면, 석사 과정부터 유학을 다녀온 분을 지도교수로 선택하는 것이 유리하다. 해외 유학 사정에도 밝을 뿐 아니라, 네트워크도 있을 가능성이 크기 때문이다. 그런 교수들은 대체로 해외 학회나 콘퍼런스 등도 다니기 때문에 기회가 생길 때마다 부지런히 쫓아다니면서 해외 유학을 준비하기를 추천한다.

여러분이 대학원 때 다양한 프로젝트 경험을 쌓고 싶다면, 프로젝트를 많이 하는 교수의 연구실에서 공부하는 것이 좋다. 정부의 정책 연구에 적극적으로 참여하여 같이 연구하면서 일할 수 있는 대학원생을 필요로 하는 교수도 있다. 이공계나 상경계에 비해 문과는 프로젝트 참여 확률이 적고, 각 분야의 기초 학문일수록 프로젝트 확률이 줄어들기는 한다.

선택의 전제 조건은 자기 자신에 대해서 잘 아는 것이다. 나는 유학을 가고 싶은가? 나는 학교 다니면서 프로젝트를 병행하고 싶은가? 아니면 금전적인 고민은 하지 않고, 조용히 공부에 매진하고 싶은가? 이 점들에 대해서 스스로 답을 할 시간이 필요하다.

최선의 조건을 고를 권리

이 글을 읽고, "저는 이미 모 교수님에게 가기로 결정했기 때문에 이 작업은 필요 없어요."라고 말하지 않았으면 좋겠다. 이미 마음을 정했다 하더라도 최종 선택의 순간까지 여러분은 최선의 조건을 고를 권리가 있다. 본인의 선택이 달라진다고 해서 누구에게도 미안하게 생각할 일이 아니다.

지도교수 후보를 선정했다면, 이모저모를 알아보는 활동을 멈추지 않아야 한다. 쉽지 않은 일이지만 해야 한다. 자신의 미래를 위해서 반드시 필요한 일이기 때문이다. 일단 대학원 입학을 하게 되면 쳇바퀴 돌아가듯 일정이 진행되기 때문에 이런 고민을 차분히 할 시간이 없을 것이다. 잘못된 선택을 한 것은 본인의 책임이다. 제대로 알아보지 않고 대학원에 간다면, 두고두고 후회를 할 가능성도 제법 있다.

마지막으로 당부하고 싶은 말은 이러한 조사를 할 때는 조용하게, 그리고 예의 바르게 해야 한다는 것이다. 예를 들어, 친분도 없는 교수에게 갑자기 전화를 걸어서 당황스럽게 만들거나, 어렵게 미팅을 잡았는데 정보만 얻어 가려 한다는 느낌을 주는 것은 오히려 손해가 될 수 있다. 첫째도 둘째도 예의를 잘 지키는 것이 중요하다. 이러한 예의는 교수가 어떤 권위를 갖기 때문이라기보다 잘 모르는 성인들끼리 서로 알아 가는 과정이므로 중요한 것이다. 스스로를 사립탐정이라고 상상하며, 조용하게 정보를 모아 현명하게 선택하자.

어느 정도 정보가 수집되었다면, 이제 여러분의 성향이나 공부 방향과 맞는지 스스로 생각해 보라. 자신의 본능을 믿으라. 평소에 어떤 사람과 잘 맞는지는 본인만 알고 있을 것이다. 가능한 한 많은 정보를 얻되, 자신의 직감과 본능을 믿자. 많은 정보를 얻고 나면, "이 사람이다!"라는 느낌이 드는 교수를 선택하게 될 것이다.

지도교수 이외의 요소들

◎ 장학금 여부

국내 대학원 중에서도 입학과 동시에 일정한 조건을 유지하면 장학금을 주는 대학원이 있다. 진학 전에 해당 학과의 조교 등에게 장학금 혜택에 대해서 미리 물어보자. 장학금을 줄 수 있는 대학이 있다면, 대학원 선택의 중요 요인이 될 수 있다. 그러나 장학금만을 이유로 특정 대학원에 갈 생각이라면 한 번쯤 더 생각해보자. 장학금을 받고 학교를 마쳤는데, 오히려 장학금이 자신의 발목을 잡았다고 느끼게 될 순간이 올지도 모른다.

◎ 학부와 같은 대학원을 가면 유리한가?

정말 많이 들었던 질문 중 하나이다. 결론부터 말하자면, 아니다. 안타깝게도, 많은 대학원은 현실적으로 정원 미달인 경우가 많다. 문과의 경우는 더욱 그렇다. 대학에서는 좀 더 많은 대학원생을 확보하기를 원한다. 학부와 같은 대학원을 가면 유리하다는 이야기도 종종 들을 수 있다. 그러나 대학원은 본인이 갈 수 있는 가장 좋은 대학원을 선택하는 것이 좋다. 같은 조건이면 세간의 평가가 더 좋은 대학원을 가는 것이 본인의 미래를 위해서 유리할 것이다. 물론 학부와 같은 대학의 대학원을 갈 이유가 분명하다면, 그렇게 할 수도 있다. 예를 들어 동 대학원 진학이 장학금에서 우대를 받을 수 있는 경우, 혹은 그 분야 최고 권위자가 자신의 학과에 있을 경우 등이 여기에 해당된다.

박사까지 꼭 해야 하나요?

대학원 석사 과정에 입학하면 곧바로 이어지는 고민은 박사 과정에 진학해야 하느냐는 것이다. 아마 필자가 대학원 생활을 하면서 스스로에게 했던, 또 다른 사람들에게 가장 많이 받은 질문이 바로 이것이다. 심지어 국책 연구 기관의 석사급 연구원들도 이런 질문을 하곤 하였다. 박사를 가야 할지, 간다면 모교로 갈지, 좀 더 나은 학교로 갈지, 유학을 갈지 고민이라는 것이다.

"박사까지 꼭 해야 하나요?"

결론부터 말하자면, 대학원에 발을 들이는 순간부터 박사학위까지는 받을 것을 고려해야 한다.

현실적인 이야기를 하자면, 연구 기관에서는 박사학위 소지 여부에 따라 연봉이 다르다. 그래서 공공기관에 취직한 석사 출신 연구원은 대체로 박사학위를 마치는 경향이 있다. 석박사를 하고 난 후 전공을 조금이라도 살린다면, 연구원이나 교수로 취직을 고려해야 하는데, 이 분야는 박사학위를 가진 사람이 최종 포식자이다. 게다가 매년 박사학위 받은 사람이 1만 명 이상 쏟아져 나오기 때문에 석사학위 소지자는 현실적으로 연봉이나 승진 가능성 등 경쟁력에서 밀린다. (석사학위 소지자도 연구 경력이 쌓이면 박사학위 취득자와 비슷한 대우를 받는 경우도 있다.) 일반적인 기준으로, 박사를 받되 유학을 갈 수 있다면 유학을 가고, 유학을 가더라도 더 좋은 조건으로, 더 좋은 학교에 가는 것이 최선이다. 이때 장학금 여부와 학교의 명성, 그리고 전공의 지도교수 등 다양한 점을 고려해야 하겠지만, 어쨌든 그런 조건을 뭉뚱그려 더 좋은 학교와 더 좋은 교수님에게 가야 한다. 유학이 여의치 않으면, 한국에서 자신이 갈 수 있는 학교에서 가장 그 분야에서 권위 있는 교수 밑으로 갈 것을 추천한다. 그리고 가능하면 빨리 해당 분야의 박사학위를 마치는 것이 가장 좋은 방법이라고 생각한다. '빨리'라는 말에는 '제대로 공부를 한다.'는 전제가 있음은 물론이다. 다만, 대학원에서 버틸

재정이 있다면, 연구 결과를 쌓은 후 시장에 나가는 것도 훌륭한 전략일 수 있다.

사실 이 조언이 너무나 당연하게 생각되지만, 의외로 많은 사람들이 이 선택의 기준을 찾지 못하고 방황한다. 아무래도 박사 과정이란 석사 과정보다 훨씬 길고, 힘들고, 지루하고, 학위를 받기도 어려울 것이라는 선입견이 있어서 그런 것 같다.

박사학위란 일종의 자격증이다. 변호사가 되려면 로스쿨을 가야 하고, 회계사가 되려면 회계사 시험에 합격해야 하고, 전문 연구자가 되려면 박사학위를 받아야 한다. 물론 석사학위만 받고도 열심히 연구하는 사람들도 있을 수 있다. 그러나 자기 이름으로 연구 과제를 따서 공식적으로 역할을 수행하기 위해서는 박사학위는 필수다. 또 박사학위가 없으면 대학교수직에 지원을 할 수가 없다. 물론 여기에서 석사를 마치고 실무 경험을 탄탄하게 인정받은 경우 일부 겸직 교수나 연구 교수가 되는 경우가 있겠지만, 우리가 생각하는 '대학교수'가 되기 위해서는 박사학위가 필수적이다.

불편하지만, 박사학위에는 위계가 있다. 해외 학위는 한국 학위보다 우대받는다. 유학을 하기 위해서 별도로 영어를 공부하고, 외국에 나가서 들인 시간과 노력을 고려하면 이러한 차이는 꼭 부당하다고 보기 어렵다. 좋은 대학교일수록 교수들은 유학파가 대부분이다. 모교 대학원을 졸업해 모교 교수를 하는 경우는 드물다. 그래서 대학교수가 아끼는 학생에게 "유학을 다녀오라."고 말하는 것은 아이러니하지만 현실적인 조언이다.

심리적인 이유에서도, 박사학위를 마칠 필요가 있다. 필자는 사회에서 박사 과정을 졸업하지 못해서 고민하는 많은 사람들을 만났다. 그들의 공통적인 고민은 제발 이 '박사 수료' 꼬리표를 떼고 싶다는 것이다. 즉, 박사를 받아서 교수가 되거나 전문 연구자가 될 생각은 없지만, 기왕 시작한 박사를 졸업이라도 하고 싶다는 것이 이들의 공통적인 소망이었다. 그런데, 졸업을 하기 위해서는 '박사논문'이라는 정말 큰 산을 넘어야 한다.

박사논문은 인생의 큰 도전이다. 그럭저럭 박사 과정에 등록해서 수업을 들으며 다니는 것은 누구나 할 수 있지만, 박사학위논문을 써서 5명의 심사 위원의 도장을 받고 졸업장을 받아 내는 것은 그중 소수만 할 수 있는 일이다. 우리 사회의 조금 어두운 측면이지만, 논문 대필이나 베끼기 등이 성행하는 것도 바로 이런 이유이다. 박사학위논문을 마쳤다는 것은 이제 혼자 연구할 수 있다는 사회적 공증이다. 박사 수료와 박사학위는 비슷해 보이지만, 스스로 느끼는 만족감에는 큰 차이가 있다고 생각한다.

박사 수료만 하고도 사회적으로 훌륭한 역할을 수행하는 사람들도 있다. 그러나 대학원이라는 사회에 입성한 이상 박사학위를 목표로 하지 않는 것은 손해일 뿐만 아니라 후회를 남기는 일이다.

대학원 입학 원서 쓰기

세상 모든 좋은 자리는 경쟁률이 높다. 대학원도 마찬가지다. 좋은 대학원은 경쟁률이 높다. 여기에서 '좋은' 대학원은 꼭 대학교나 지도교수의 명성으로 결정되는 것은 아니다. 가장 중요한 요소는 '여러분이 공부하고 싶은 분야'의 대학원이어야 할 것이다. 여러분이 공부하고 싶은 분야가 아주 희소한 경우라서 국내에서 그 공부를 하고 싶어하는 사람이 별로 없다면 어떨까? 국내에서 그런 경우가 드물지 않다. 왜냐하면 세상은 넓고 공부하고 싶은 주제는 많지만, 아무래도 국내 대학원은 영미권 대학보다 여러분이 선택할 수 있는 학교의 선택지가 좁기 때문이다.

자기가 공부하는 분야가 희소하다면, 이 점을 생각해볼 필요가 있다. 어떤 공부를 하든지 본인의 자유이다. 그러나 여러분이 나중에 그 공부로 돈을 벌어야 한다고 생각하면 이야기가 달라진다. 가급적 수요를 보고 공부 분야를 선택하는 것도 중요하다. 주요 고급 인력 취업 전문

사이트(www.hibrain.net, www.phkim.net)를 방문하면 자신이 전공하고자 하는 분야의 박사를 얼마나 많이 뽑는지 확인할 수 있다. 채용 공고는 1년 내내 뜨기 때문에 주기적으로 들어가 어떤 분야에서 어떤 인력을 뽑는지 알아보라. 그러면 시장의 수요를 파악하는 데 도움이 될 것이다. 그러나 취업 경쟁률이 무의미한 분야도 있다. 예를 들어, 수요가 없음에도 불구하고, 본인이 흥미가 있고, 좋아하는 분야를 연구하기 위해서 대학원에 진학할 수 있다. 예전에 러시아 대학원생 사이에서 '티벳 불교의 기원'이 인기있는 연구 주제라는 말을 들은 적 있다. 한국에서 이 주제를 연구한다면, 취업에는 다소 불리할지도 모른다. 이처럼 순수하게 학문적 흥미에 근거해서 대학원에 진학하고자 한다면, 그런 선택도 충분히 할 수 있으며, 그러한 선택은 존중받아 마땅하다.

전망이 보이는 대학원에는 사람이 몰린다. 사람이 몰리면 경쟁률이 생기고, 여러분은 경쟁률을 뚫고 대학원에 입학하기 위해 어떤 식으로든 치열하게 노력해야 하는 상황에 놓일 수 있다. 대학원 입학쯤이야 누워서 떡 먹기라고 생각해도 이 장을 끝까지 읽어 보시길 권한다. 입학을 하더라도 어떻게 입학하는지가 중요하기 때문이다.

학업 계획서부터 시작한다

운 좋게도 필자가 대학원에 입학했을 때는 경쟁률이 높지 않았다. 그래서 대학원 입학에 대해서 상대적으로 느슨한 마음이 들었던 것도 사실이다. 누가 봐도 지원하면 입학할 수 있을 것 같은 분위기였다. 그런데, 그런 상황에서도 학업 계획서(연구 계획서)를 '어떻게' 쓰고 면접을 '어떻게' 보는 것이 중요한지 나중에 알게 되었다. 학업 계획서나 면접은 여러분이 처음 학과 교수님께 "저는 이런 사람입니다."라는 것을 알리는 기회이다. 인생에서 중요한 모든 관문이 그렇듯, 신중에 신중을 기할 필요가 있다.

학업 계획서는 말 그대로 자신이 대학원에 가서 어떤 공부를 할지, 학업에 대한 계획을 적는 것이다. 자신이 이만큼 많은 고민을 했고, 또 이렇게 이 학과에 들어오기 위한 준비가 되었다는 것을 보이는 일종의 시험이다. 형식적인 제출 서류가 아니다. 여러분이 '좋은' 대학원에 진학하고자 한다면, 학업 계획서부터 경쟁이 시작된다. 사실 관계에 오류가 없어야 하고, 오탈자가 없도록 꼼꼼히 챙겨야 한다. 여러분이 학계에 몸담는다면 연구 계획서를 수없이 써야 하는데, 학업 계획서는 연구 계획서의 축소판이다. 전문 연구원이 되면 연구 계획서를 잘 써야 연구비도 많이 확보할 수 있다. 어쩌면 학자의 인생에서 떼려야 뗄 수 없는 것이 '계획서'이다.

키워드를 뽑고 스토리를 만들라

공식적으로 여러분은 어떤 '특정한 분야'의 공부를 더 하기 위해서 대학원에 진학하려는 것이다. 그런데 대학원에 진학하고자 하는 학생 중에서 자신이 공부하고자 하는 분야가 정확히 무엇인지 모르는 학생도 많다. 자신의 공부 방향이 뚜렷하지 않다면, 학업 계획서를 쓸 때 막막할 것이다. 그래서 '대학원에 가야 할까?'라고 고민하는 단계부터 이와 같은 고민을 충분히 할 필요가 있다. 막막하겠지만, 처음부터 완벽할 수 없으므로 차근차근 준비하면 된다.

학업 계획서를 쓰기 위해서는 일단 자신이 공부할 세부 분야에서 관심 있는 키워드(keyword)를 찾아본다. 키워드란 논문에서 가장 중요한 핵심어로서 추후에 면접을 보거나 논문을 쓸 때도 중요하다. 경영학과에서 '기업의 부채 비율이 경영 성과에 미치는 영향'이라는 논문을 쓴다고 해 보자. 여기에서 키워드란 '부채 비율'과 '경영 성과'가 될 것이다. '경영 성과'는 당기순이익, 매출과 같은 변수로 나눠질 수 있다. 여기에서 여러분은 '부채 비율', '매출', '당기순이익', '경영 성과' 등의 키워드를 추출할 수 있다. 이와 같은 방식으로 여러분의 키워드를 추출해 보자. 아주 많을 필요도 없고, 2~3개의 핵심 키워드를 찾는 것이 필요하다.

키워드도 시간에 따라서 변화한다. 경제지리학에서 산업 집적지를 뜻하는 '클러스터(cluster)'라는 키워드는 한때 엄청난 연구가 진행되던 키워드였지만, 최근에는 별로 보이지 않는다. 오히려 '머신러닝', '딥러닝' 등의 키워드가 등장하고 있다. (학회지 논문 검색은 크게 KISS(한국학술정보 사이트)[2]나 RISS(한국교육학술정보원)[3] 사이트를 방문하면 된다.) 논문을 검색하면서 현재 어떤 키워드가 인기가 있는지 한 번쯤 들여다볼 필요도 있다. 최근 투자 수단으로서 NFT(non-fungible token)가 떠오르고 있고, 암호화폐에 대한 관심도 뜨겁다.

키워드를 선정했다면, 이것을 통해서 자신이 하고 싶은 스토리를 만들어 보자. 예를 들어, '부채 비율'과 '매출'의 관계에서 "기업 매출과 부채 비율의 관계를 연구하고 싶다."고 적을 수 있다. 시기에 따른 구분을 활용하는 것도 시도해 볼 만하다. 예전에 단골로 등장하던 것이 1997년의 IMF 외환 위기였다. 예를 들어, "IMF를 기점으로 기업의 부채를 바라보는 시각이 달라졌다."는 식의 문장이 단골로 등장했다.

요즘에는 코로나19 유행 이후 달라진 경제 환경이 화두이다. 예를 들면, "코로나19 유행 이후 인플레이션이 가장 큰 화두로 떠오르는 요즘 기업 매출과 부채 비율의 관계는 다시 한 번 조사할 필요가 있다."는 식의 스토리를 이끌어 내는 것이다. 처음에는 문장이 완벽한지 따지기보다 뭔가를 만들어 내는 기쁨을 느껴 보자. 학업 계획서에서 여러분이 쓰는 말은 설익은 아이디어이며, 참신할 수는 있어도 완벽할 수는 없다.

초안을 빨리 시작하자

일단 키워드를 정했으면 학업 계획서의 초안을 대충이라도 빨리 써 보자. 글을 쓰기 전에 너무 많은 생각을 하다가 정작 글을 쓰는 것이 두려워지는 지경에 이르는 경우가 많다. 모든 글은 일단 쓰고 그다음에 다듬는 것이다. 좋은 아이디어는 대부분 글을 쓰다가 나온다. 글을 쓰기 시작할 때는 지금 이 순간에 나오는 문장과 다음 문장 간의 연결 고리만 생각한다. 이 문장이 앞 문장과 어울리는가? 이 문장이 뜻을 가지려면 다음 문장은 어떤 내용이 나와야 하는가? 이렇게 해서 한 줄 한 줄 완성해 나가다 보면 나중에 분명히 '쓸 만한 부분'이 생기고, 그 쓸 만한 내용을 잘 모으면 좋은 글이 될 수 있다.

학업 계획서에 써야 할 내용은 어느 정도 정해져 있다. 학업 계획서의 대부분은 다음의 목차로 이뤄져 있다. 만일 대학원 학업 계획서에 목차가 없다면 아래의 목차대로 쓰면 큰 무리는 없다. 이러한 목차 구성은 넓은 의미에서 일반 기업의 자소서와 크게 다르지 않다.

학업 계획서

【자기소개서】
- 경력(대학 생활 또는 직장 활동 상황)
- 지원 동기 및 장래 계획
- 성격의 장단점 및 특기
- 상 벌 사항
- 기타(특기 사항)

【연구 계획서】
- 석사 · 박사 진학 시 희망 연구 분야 및 연구 계획
- 학부, 대학원 이수 전공 과목 중 관심 과목
- 석사 · 박사 이후의 계획(박사 진학, 취업, 유학 등)
- 연구 실적 목록(논문, 보고서, 연구 참여 등)

구체적 질문을 하는 학업 계획서의 하나를 보자.(서울대학교의 경우이다.)[4] 구체적 질문이 없는 학업 계획서라도 이 질문을 참고해서 작성할

자기소개 및 수학(연구)계획서

①모 집 단 위	( )과정 ( )학과(부) ( )전공			②희 망 전 공 분 야	
③성 명	한 글			④수 험 번 호	※ 기재하지 말 것
	한 문			⑤생 년 월 일	
	영 문				
⑥학 력	년 월 일		대학교	학부학과, 전공 졸업(예정)	
	년 월 일		대학교(대학원)	학부학과, 전공 졸업(예정)	
⑦연 락 처	(자택전화)	(H.P)		E-MAIL	

자 기 소 개 서	⑧경력(대학생활 또는 직장활동 상황)	
	⑨지원동기 및 장래계획	
	⑩성격의 장단점 및 특기	
	⑪상 벌 사 항	
	⑫기 타 (특 기 사 항)	
수 학 · 연 구 계 획 서	⑬석사박사 진학시 희망 연구분야 및 연구계획	
	⑭학부, 대학원 이수 전공과목 중 관심과목	
	⑮석사박사 이후의 계획(박사진학,취업,유학 등)	
	비 고 (기타)	
	연구실적목록 (논문, 보고서, 연구참여 등)	

※작성자가 필요할 경우 양식의 표 크기는 임의로 조정할 수 있습니다.

_ 대학원 학업 계획서 _

수 있다. 서울대학교에서 제공하는 대학원 입학 원서인 '자기소개 및 수학(연구)계획서'에서 질문들을 볼 수 있다. 고려대학교와 서강대학교의 경우에는 이와 같은 구체적 질문이 없이 자유 양식의 '학업 계획서'를 제출하도록 되어 있다.[5] 자유 양식이 학업 계획서라 부담스럽다면, 서울대학교 수학(연구)계획서의 질문을 참고할 수 있다. 학업 계획은 자신이 어떤 분야를 연구하고 싶고, 그 연구를 진행하기 위해 어떤 수업을 듣고 싶으며, 추후 이 연구를 발전시켜서 어떻게 되고 싶은지를 기술하면 된다. 이런 양식으로 자기소개서 및 학업 계획서 양식을 한 번쯤 작성해보면, 면접에서도 이러한 질문에 대한 대답을 할 때 도움이 될 수 있다.

학업 계획서와 일반 기업의 자소서의 차이점은 무엇일까? 학업 계획서는 직장 상사가 아닌 학과 교수가 읽게 된다는 점이다. 교수들은 최소 박사학위 이상을 취득한 사람들이며, 글을 쓰고 읽고, 글에서 흠을 찾아내는 데 도사들이다. 교수들은 소설이나 에세이가 아니라 논문 같은 '학문적 글쓰기'의 달인들이다. 여러분의 학업 계획서 역시 '학문적 글쓰기'와 비슷할수록 유리하다. 예를 들어 아래와 같은 문장은 논문에서나 나올 법한 문장이다. '회복탄력성(resilience)'라는 주제에 대한 관심이 있는 학생이라면 이와 같은 문장으로 포문을 열 수도 있을 것이다.

> "최근 자아 존중감을 연구하는 학자들은 회복탄력성(resilience)에 주목하고 있습니다."[6]

지원 동기, 지적 활동, 학업 계획과 학업 후 계획은 모두 긴밀하게 연결

되어 있어야 한다. "학교 다닐 때 저는 주식 동아리를 오랫동안 해서 재무제표를 읽을 수 있습니다."라고 쓰고, 졸업 후에는 "대학원을 졸업한 후, 금융업계에서 일해 보고 싶습니다."라는 문장을 쓴다고 가정해 보자. 읽는 사람은 생각할 것이다. "금융업계에서 일하려면 하루빨리 업계로 나가는 것이 낫지 않을까? 왜 굳이 대학원에서 긴 시간을 공부하려고 할까?" 여러분은 이런 질문에 대해 대답할 수 있어야 한다.

어떻게 대답해야 할까? '주식 동아리'를 예로 든다면, "주식 동아리를 하면서 저는 기업의 본질적 가치의 중요성을 알게 되었고, 그 기업의 본질적 가치를 결정하는 요인에 대해서 깊이 있게 연구하고 싶어 대학원에 지원하게 되었습니다."라고 연결 고리를 만들 수 있다. 진로 후 계획에 대해서도 "금융권에서 일해 보고 싶습니다."라고 말하는 것은 고민이 깊지 않다는 느낌을 준다. 같은 말이라도 "금융 분야에서 연구를 계속하여 투자자가 현명한 판단을 할 수 있도록 도와주는 학자가 되고 싶습니다."라는 식의 '연구'와 '학자'가 중요하다. 여러분은 기업에서 일하려고 입학하는 것이 아니라, 공부하고자 입학하려고 한다는 점을 잊지 말자.

이제 경력, 지원 동기, 희망 연구 분야 및 연구 계획, 석사박사 이후의 계획 등 구체적인 파트별 전략에 대해 알아보자. 서울대 수학(연구)계획서를 기준으로 경력, 지원 동기는 자기소개서의 영역이며, 희망 연구 분야 및 연구 계획, 석사박사 이후의 계획 등은 연구 계획의 영역이다. 상벌 사항이나 성격상의 장단점은 다른 일반 자기소개서를 쓰는 원리와 크게 다르지 않을 것이기 때문에, 대학원 학업 계획 작성 시 중요한 파트만 짚고 넘어가고자 한다.

경력(대학 생활 또는 직장 활동 상황)은 자신이 지적 활동을 해온 역사를 의미한다. 경력 칸은 자신을 마음껏 뽐낼 공간이다. 대학 때 했던 활동 가운데 대학원과 연관 지을 수 있는 경력을 쓰면 된다. 대학원 학업 계획서의 목표는 '합격'이다. 합격한다면 '좋은 인상을 주면서 합격'하는 것이 더욱 좋다. 자기 자랑을 하되, 나쁜 인상을 주지 않는 것이 중요하다.

대학원과 관련이 있는 지적인 활동은 무엇이고 어떻게 적으면 될까? 필자의 경우 "불교 철학과 언어 철학에 관심을 가져서 레포트에서 우수한 점수를 받았다."고 쓴 적이 있었다. 이 글을 읽으면, 당연히 철학과에 지원하는 글이란 생각이 들겠지만, 필자가 지원한 곳은 지리학과 대학원이었다. "그럼 철학과를 진학하는 것이 어떻겠나?"라고 물어본 교수는 안 계셨지만, 교수들이 그 계획서를 보고 얼마나 한심하게 생각했을지 눈에 선하다. 지금의 나라면, '불교와 언어와 지리학'의 관련성을 다루는 공부를 하고 싶다고 쓸 것 같다. 그런데 실제로 불교와 언어를 전공할 생각은 전혀 없었다. 그런 분야를 전공할 것이 아니라면, 이런 이야기를 통째로 빼는 것이 좋다.

학업 계획서의 모든 부분은 논리적으로 모순이 없이 연결되어야 한다. 지적 활동을 서술할 때는 여러분의 미래 학업, 그리고 지금 이 순간 대학원을 지원하게 만든 경험들을 적을 필요가 있다. 경험이 많다고 능사는 아니다. 하나의 경험을 적더라도 인상적으로 서술하면 된다. 심리학과에 지원한다면, "저는 주식 동아리를 하면서 인간의 심리에 관심을 가지게 되었습니다."라는 식의 반전 전개를 노려볼 수도 있을 것이다. "'돈 룩 업'이라는 영화에 대한 레포트를 쓰다가 기후 변화에 대한 관심이 생겨, 본격적으로 대학원에서 공부하고 싶다는 생각을 하게 되었습니다."라는 식의 전개가 중요하다. 학업 계획서의 최종 목적은 대학원 합격 가능성을 높이고, 또 내가 학문을 하기에 준비된 사람이라는 것을 보여 주는 것이다.

지원 동기: 궁금증을 유발하라

지원 동기는 대학원에 지원하게 된 동기를 쓰는 공간이다. 지원 동기에서 의외로 중요한 부분은 '흥미'이다. 여러분은 어떻게 이 분야에 흥미를 가지게 되었는가? 왜 굳이 하고많은 전공 중 이 전공을 선택하였는가? 이런 질문과 함께 시작하면 부드럽게 시작할 수 있다.

학문적 호기심을 서술하면서 개인 경험을 살짝 덧붙이는 것도 좋은 전략이다. 예를 들어, "저는 학교 다닐 때 아르바이트를 많이 했는데, 아르바이트 할 때 대기업 프랜차이즈의 점원과 점주의 관계가 생각보다 복잡하다는 것을 알게 되었습니다. 그래서 조직이나 인사 부분에 대한 흥미를 느끼게 되었고……" 자신의 아르바이트 경험을 학문적 호기심과 연결시키는 것이다.

지원 동기에 특정 교수만 추켜세우는 것은 재고할 필요가 있다. 교수들 간에도 미묘한 경쟁이나 긴장 관계가 있을 수 있기 때문이다. 지원한 학생이 "***교수님의 학문적 성과에 매료되어 지원하게 되었습니다."라고 한 교수만 추켜세운다면 그 글을 읽는 다른 교수들의 기분이 어떨까? 지원 동기에서 특정 분야에 대한 관심을 어필하거나, 전문성을 보여 주는 것은 환영할 만한 일이다. 그러나 대학원 진학 후 지도교수를 바꾸는 경우도 있다는 점을 감안하면 신중하게 작성할 필요가 있다.

지원 동기는 앞으로 이어질 대서사의 출발점이다. 지원 동기는 그동안 어떤 활동을 해왔는지, 그리고 앞으로 어떤 활동을 하고 싶은지를 알려 주는 '복선'이다. 글을 다 쓰고 나서도 지원 동기와 다른 표현들이 일관되게 유지되는지, 모순되는 상황이나 표현은 없는지 검토해야 한다.

연구 계획

연구 계획을 짜려면 해당 대학원의 학사 과정에 대해 알 필요가 있다. 이 항목은 여러분이 학사 과정에 대해 얼마나 알고 있고, 또 얼마나 준비하고 있는지를 보여 줄 수 있는 항목이다. 예를 들어, 석사 과정 때 필자가 다닌 과에서는 1학기에 입학을 하면, 3학기 말에 논문 자격시험을 보고, 같은 학기에 흔히 프로포절(proposal)이라고 하는 논문 연구 계획서를 발표한다. 4학기에 논문을 쓰는데, 4학기 초반에 중간 발표회에서 논문을 발표하고, 학기가 끝나기 전에 심사를 받게 된다. 누구든 절차를 모두 끝내야 석사학위를 졸업할 수 있다. 사실 모든 절차

하나하나가 쉽지 않다.

거의 모든 대학은 홈페이지에 졸업 여건이나 학사 과정을 공개하고 있다. 지원자는 해당 학과가 있는 대학교의 홈페이지에 접속하여 대학원에서 자신이 겪을 일에 대해 꼼꼼하게 검토할 필요가 있다. 이 절차를 학업 계획서에 반영할 필요는 없지만, 이 절차를 모르면 학업 계획서를 쓰면서 말도 안 되는 이상한 말을 적게 될 수도 있기 때문이다. 예를 들어 "3학기에 논문을 발표하고 4학기에 유학을 준비하겠습니다."라고 계획서에 쓰는 우를 범하지 말라. 이렇게 쓴다면, 교수는 이 사람을 매우 오만한 학생으로 간주할 것이다.

연구 계획을 쓸 때, 자신이 소화할 수 없는 꿈을 적지 말라고 하고 싶다. 이것은 다른 모든 글을 쓸 때도 마찬가지이다. 대학원 공부를 하면서 영어 공부와 일본어 공부를 하고 컴퓨터 프로그래밍도 배우고, 또 논문도 열심히 읽겠다는 식의 학업 계획서는 오히려 신뢰성을 떨어뜨린다. 현실적이고 진정성 있는 계획서가 꿈에 부푼 과장된 계획서보다 훨씬 낫다.

이러한 조언들을 일일이 기억하기 힘들다면 이런 상상을 해 보자. 면접 때 교수님이 들어와서 자신이 써 놓은 글을 소리 내어 읽으면서 "이게 무슨 뜻인가요?"라고 물어보면 대답할 수 있어야 한다. 그런 상상을 해 보는 것만으로도 스스로 체크할 부분이 보일 것이다.

학업 후 계획, 즉 석사박사 이후의 계획은 말 그대로 여러분이 대학원을 졸업한 뒤 생각하는 진로를 의미한다. 사실 이 질문은 석사의 경우 답이 정해져 있다고 보면 된다. 열심히 공부해서 유학 준비를 하겠다는 것이다. 석사를 마치고 곧바로 사회 경험을 쌓고, 추후 박사 과정에 입학하고 싶다는 것도 잘못된 선택은 아니다. 다만 여러분이 2년 동안 어떤 일을 겪고 어떻게 마음이 바뀔지는 아무도 모른다. 공부하는 사람에게 주어지는 가장 바람직한 선택지는 석사 2년 수학 후 유학이다. 나중에 학생들은 성적이나 적성에 맞춰 각자 다른 선택을 하겠지만, 처음에는 가장 이상적인 선택지를 바라보게 된다. 석사라면, 많은 경우 그것은 석사 후 유학이다.

유학 갈 형편이 되지 않아서 해당 학교에서 박사 과정까지 하겠다고 쓸 생각이라면 좀 더 생각해 볼 필요가 있다. 쉽지는 않지만, 유학은 여러 장학금 제도나 TA(출결 감독, 시험 감독과 채점 등의 수업 보조 역할을 하는 교육 조교)제도 등을 활용한다면 재정 상황이 넉넉치 않아도 갈 수 있는 방법이 있다. 국내에서 대학원을 다니는 비용 역시 결코 저렴하지 않다.

박사 지원자의 경우, 석사 지원을 할 때 지원서를 써 본 경험이 있으니, 어느 정도 노하우가 있을 것이다. 박사 지원자는 나중에 학문 세계 밖으로 나가고 싶다 하더라도 계획서에는 역시 '연구'를 강조하는 것이 유리하다. 깊게 생각하지 않더라도, '사업'과 '학문'은 분명 다른 영역이다. 예전에 "돈 되는 공부를 하고 싶다.", 혹은 "돈 되는 공부를 해야 한다."는 말을 들은 적 있는데, 반은 맞고 반은 틀리다. 이공계의 경우, 취업이나 사업을 목적으로 대학원을 진학하는 경우도 있다. 그러나 본질적으로 대학원에서 여러분이 바라는 것은 학위이다. 학위는 돈 버는 자격증이 아니고, '연구자'라는 인증서 같은 것이다. 이러한 사정을 고려하여 학업 계획서를 신중하게 써야 한다.

학업 계획서를 쓰면서 여러분이 생각하면 좋을 몇 가지 팁을 소개하고자 한다.

학업 계획서는 면접의 도구이기도 하다

모든 지원서처럼, 여러분의 학업 계획서는 단순히 서류 통과에만 필요한 것이 아니라 면접장에서 면접 자료로 활용된다. 학업 계획서를 쓸 때 교수가 이 자료를 읽으면서 여러분을 마주하고 있다고 생각하면 된다. 다른 면접관과 마찬가지로 교수는 그 학생의 배경에 대해서 전혀 알 방법이 없기 때문에 지원자의 학업 계획서를 읽으면서 면접에 임하게 된다. 이 점을 거꾸로 이용하면, 여러분이 면접장에서 자신을 어필할 수 있는, 즉 궁금증을 유발할 수 있는 내용을 살짝 끼워 넣을 수 있을 것이다.

지원자는 불안하기 때문에 자기 친구, 주변 어른들, 학교 선배 등 쉽게 연락할 수 있는 사람에게 글을 봐 달라고 하고 싶은 충동이 생길 것이다. 그런데 어른이 하는 말이 모두 맞을까? 전업으로 글을 쓰는 시인과 소설가도 도움을 주기 어려울 수 있다. (대)기업 인사담당자는 어떨까? 그들의 시각은 학계와 다를 수 있다. 그들에게 글을 보여 줘서 나쁠 건 없다는 생각도 들겠지만, 각자의 분야에서 조언을 듣다 보면 나도 모르게 흔들리게 된다. 과감하게 말하자면, 아무에게나 조언을 구하지는 말자.

당신의 글은 이 분야를 알고 있으면서, 연구의 경험이 있는 사람들이 읽었을 때 그 가치를 판단할 수 있다. 대학원의 생리에 대해서 알고 있고, 또 공부를 오랫동안 한 사람들의 코멘트를 받을 것을 추천한다. 이 말도 조심스럽다. 대학원에 대해서 많이 알고, 또 유식한(?) 사람이라도 좋은 조언을 해 주리라는 법은 없기 때문이다. 여러분의 글에 나타난 서툰 진심은 도외시하고 조금은 어설픈 글에 시니컬한 반응을 보이는 사람도 있을 것이다. 그런 반응을 받더라도 마음속에 담아 두지는 말자. 적절한 조언을 받지 못했다면, 또는 이러저러하게 마음 다치는 말을 들었더라도 당신은 대학원에 갈 것이다. 차라리 그 글을 한 번 더 읽어 보고, 교수가 그 글을 눈앞에서 읽는다고 생각하면서 어떻게 대처할지 시뮬레이션을 해 보면 마음도 안정이 되고 실제로 도움이 될 것이다.

교수에게 상담 이메일 쓰기

이메일 쓰는 것을 어려워하는 학생들을 많이 보았다. 매일 이메일을 쓰는 직장인들 입장에서도 이메일 쓰기는 쉽지 않은 일이다. 개인적이고 사적인 이야기들은 소셜미디어를 통해서 할 수 있지만, 이메일은 공적인 용무를 전달하는 수단으로 기능한다. 카카오톡이나 텔레그램에 비하면 이메일은 조금 더 보수적인 매체이다.

보수적 매체라는 점 때문에 모르는 사람에게도 정중하게 메일을 보내는 것이 가능하다. 게다가 필자의 경험에 따르면, 교수들은 웬만하면 이메일에 답장을 해 준다. 답장을 하지 않는 경우에도 이메일의 내용을 읽을 확률이 높다. 그래서 이메일을 잘 활용하면 일면식이 없는 교수와 면담 기회를 잡을 수도 있다.

교수에게 상담 이메일을 쓰는 것은 부끄럽거나 잘못된 행위가 아니다. 하지만 자신의 진로를 결정하기 위해 누군가에게 만나 달라는 메일을 쓰는 것은 부담스러운 일이다. 막상 쓰려면 한 글자도 제대로 쓰기 힘들 것이다.

여기서는 문과 학생이 진학 상담을 염두에 두고 이메일을 쓰는 방법을 알아보고자 한다. 물론 이메일 쓰는 방법은 인터넷에도 많은 샘플들이 있어 그럭저럭 참고할 수 있다. 그런데 어떤 샘플을 보면 "이렇게 쓰면 교수님이 화낼 것 같은데?"라고 싶은 것도 있었다. 필자의 샘플 문장도 완벽하지 않을 것이다. 그러나 모르는 교수에게 메일을 보내야 하는 상황에서 참고할 거리는 되리라 생각한다.

왜 이메일인가?

기억하자. 2020년대 시점에서 이메일은 매우 보수적인 소통 방법이다. 요즘 이메일은 사실상 공문의 기능을 수행한다. 공식적인 문서이기 때문에 함부로 이모티콘이나 농담을 던져서는 안 된다. 딱딱하고 어려운 문장만 써야 한다는 뜻은 아니다. 자신의 의사를 간결하고 정확하게, 그리고 예의 바르게 전달하는 것이 중요하다.

다행히도 이메일을 정중하고 간결하게 보냈다면, 답장을 받을 가능성은 낮지 않다. 필자는 박사 과정 때 논문을 쓰다가 일면식이 없는 교수님에게 궁금증이 생기면 이메일을 보내곤 하였다. 대부분 답장을 해주었다. 교수들은 말보다 글이 익숙하며, 자신의 시간을 빼앗는 전화 통화나 카카오톡보다 이메일을 선호한다. 무엇보다 이메일은 받는 사람의 시간을 구속하지 않기 때문에 교수에게는 매우 편안하고 공식적인 접근 방법이다. 거꾸로 말한다면, 이메일은 일면식도 없는 교수에게 연락을 취하는 가장 좋은 방법이기도 하다. 전화나 문자보다는 이메일을 활용하자.

이메일 제목

이메일 제목은 매우 중요하다. 많은 지원자들이 이 부분을 간과한다. 최악의 제목은 메일 제목에 '***교수님께'라고 쓰는 것이다. 이런 메일을 보면, 최소한의 준비도 되지 않았다는 인상을 준다.

이메일 제목은 간략하면서도 자신의 용건을 모두 담아야 한다. 여러분이 이메일을 쓰는 것은 그 교수에게 지원할지 말지를 결정하기 전에 정보를 얻으려는 '용건'이 있기 때문이다. 이럴 때 메일 제목에 써야 할 내용은 다음과 같다.

> 학부생 대학원 지원 관련 면담 요청

제목에 '말머리'를 다는 것도 괜찮다.

> [면담 요청] 학부생 대학원 진학 관련

존댓말을 하는 뉘앙스를 주고 싶다면, 이렇게 할 수도 있다.

[면담] 학부생 대학원 진학 관련 면담을 요청합니다.

어떤 방식이 가장 좋은 인상을 줄지는 아무도 모른다. 받아들이는 사람에 따라 같은 표현도 다르게 읽기 때문이다. 가장 안전한 것이 좋다. 건성으로 보내지 않았다는 점, 그리고 면담 요청을 담은 이메일이라는 점을 놓치지 않도록 유의하자.

본문의 시작: 인사말과 자기소개

자, 그러면 이메일을 어떻게 시작해야 할까? 가장 무난한 것은 "***교수님께"라고 쓰고, 줄을 바꿔 "안녕하세요."로 시작하는 것이다.

*** 교수님께
안녕하세요.

이메일의 시작은 "안녕하세요."가 가장 무난하다. 안녕하세요 뒤에 물음표보다 마침표를 찍는 것이 요즘 추세인 것 같지만, 둘 다 틀린 표현은 아니니 취향대로 사용하자. 교수와 친한 사이가 아니라면, 그 이상 말은 생략하고 바로 용건으로 들어갈 것을 추천한다. 이메일에 쓰는 관용적인 표현이 더 많으면 좋겠지만, 한국에서는 안녕하세요가 가장 무난하다. 외국인에게 보낸다면 "교수님께서 항상 평안하시기를 희망합니다.(I hope this mail finds you well.)"라고 덧붙일 수 있지만, 한국 정서에서는 다소 이질감을 느낄 수도 있다.

다음에는 자신에 대한 간략한 소개를 한다. 여러분의 상황에 맞춰 최대한 솔직하고 간략하게 쓰면 된다. 학생(1)은 교수의 수업을 들었던 학생이며, 학생(2)는 교수와 다른 학교의 학생이라고 가정하자. 가장 기본적인 문구는 다음과 같다.

> **학생(1)** 안녕하세요. 저는 교수님께 202×년 **학 수업을 들었던 ***라고 합니다.

이미 교수와 일면식이 있는 사이라는 것을 언급하는 이 방식은 아주 효과적이다. 교수와 이미 만난 적이 있음을 어필하고, 운이 좋다면 교수가 여러분을 기억할 수도 있다.

교수를 만난 적이 없다면, 자신을 간단히 소개할 필요가 있다. 처음 시작하는 단계에서 자기 소개는 간단하게 한다.

> **학생(2)** 안녕하세요. 저는 **대학교 **과 4학년에 재학중인 ***라고 합니다. 대학원 진학을 고민하던 중 교수님의 논문을 접하게 되었고, 궁금한 것이 생겨 메일을 드리게 되었습니다.

여기에서 끝나면, 교수가 여러분이 누구인지 알 수 없다. 이 다음부터는 교수가 여러분에게 흥미를 가질 만한 것을 언급하라. 아무 교수나가 아니라 지금 이메일을 받는 교수 당신을 만나고 싶다는 인상을 심어 줄 필요가 있다.

> **학생(1)** 저는 교수님의 **학 수업을 들은 이후, 이 학문에 대한 관심이 커져서 여러 자료를 검색하던 중 대학원 진학에 대해서 진지하게 생각하게 되었습니다.

그 교수의 수업을 듣고 그 분야의 공부를 더 하기 위해서 대학원에 진학한다는 스토리는 진부해 보여도 매우 강력한 스토리라인이다. 교수를 직접 만난 적이 없는 학생(2)는 다음과 같은 내용으로 어필할 수도 있다.

> **학생(2)** 저는 **학에 대한 수업을 들으면서 ***학회지에 실린 교수님의 논문을 읽다가 이 분야에 흥미가 생겨 대학원에 진학을 결심하게 되었습니다.

억지로 없는 이야기를 지어내서는 곤란하다. 진솔하고 자연스럽게 쓰는 것이 중요하다. 사소하더라도 그 교수의 연구실에서 공부하고 싶은 이유를 명확하게 밝힐 것을 추천한다.

용건: 면담을 성사시켜라!

이제 용건을 적을 차례이다. 이메일의 목적은 면담을 성사시키는 것이다. 그러므로 교수에게 면담을 요청한다는 내용을 적으면 된다.

> **학생(1)** 교수님께서 괜찮으시다면, 제가 연구실로 직접 찾아뵙고 궁금한 점을 여쭤보고 싶습니다.

이 샘플 문장 하나도 필자로서는 고민을 해서 쥐어짠 결과물이다. 이메일은 원래 어렵다. 얼굴을 직접 보지 못하고 글로만 자신의 의견을 전달하기 때문에 단어나 말투에 대한 반응을 확인할 방법이 없기 때문이다. 그럴 때일수록 용건은 정확하고, 간결하고, 예의 바르게 적으면 된다.

> **학생(2)** 교수님께서 괜찮으시다면, 제가 교수님 연구실을 방문하여 상담을 받을 수 있을지 궁금하여 연락드렸습니다. 다만, 제가 현재 부산에 거주하고 있어서 교수님께서 시간을 미리 정해 주시면 일정을 조정하여 찾아뵐 수 있습니다.

학생(1)은 같은 학교 학생이기 때문에 교수와 조금 더 가까운 사이일 수 있다. 그런데 학생(2)는 다른 대학 학생이기 때문에 아무래도 일정 조정이 어렵다. '부산에서 산다'는 점을 언급한 것은 좋을 수도 나쁠 수도 있다. 교수 입장에서는 "나와 상담하자고 부산에서 여기까지 온다는 말인가?"라고 생각하면서 부담을 느낄 수도 있기 때문이다. 그래서 나라면 이렇게 덧붙일 것 같다.

학생(2) 교수님께서 괜찮으시다면, 제가 교수님 연구실을 방문하여 상담을 받을 수 있을지 궁금하여 연락드렸습니다. 다만, 제가 현재 부산에 거주하고 있어서 교수님께서 시간을 미리 정해 주시면 일정을 조정하여 찾아뵐 수 있습니다. 제가 서울에 가야 할 일이 종종 생기는 편이라서 교수님께서 정하신 일정에 맞춰 일정을 조정할 수 있을 것 같습니다.

면담 일정이나 시간에 대해 여러분이 먼저 제한을 두는 것은 한 번쯤 더 생각해 볼 필요가 있다.

학생(1) 교수님께서 괜찮으시다면, 제가 연구실로 직접 찾아뵙고 궁금한 점을 여쭤보고 싶습니다. 제가 수요일에는 오전에 수업이 끝나니 오후 2시쯤 찾아뵐 수 있을지 여쭙고 싶습니다.

교수 입장에서는 "어, 내가 만나자고 했어? 벌써 약속 시간을 잡아?"라고 생각할 수 있다. 교수가 먼저 면담을 수락하고 그다음에 약속 시간을 정하는 것이 올바른 순서이다. 면담이 필요한 사람은 교수가 아니라 여러분이다. 교수가 당연히 여러분을 만나 준다고 생각해서는 곤란하다. 교수가 만나 줄지 말지를 먼저 결정하고 나서 시간을 정하는 것이 예의이다.

학생(1) 교수님께서 괜찮으시다면, 제가 연구실로 직접 찾아뵙고 궁금한 점을 여쭤보고 싶습니다. 저는 학생이라 비교적 시간이 있기 때문에 혹시 교수님께서 면담을 허락하여 주시면, 그 시간에 맞추도록 노력하겠습니다.

면담을 수락하고 일정을 잡는 것은 상대가 시간과 에너지를 나에게 허락해 주는 것이므로 예의 바르고 섬세하게 요청해야 한다. 무례하거나 과도한 표현을 사용할 경우, 면담 전에 부정적 인상을 남길 수도 있다. "나(학생)는 바쁜 사람이기 때문에 수요일 2시부터 4시까지만 시간이 된다."는 식의 인상을 준다면, 누군가는 (이메일 답장에서 표현하지는 않겠지만) 이 학생을 별로 만나고 싶지 않을지도 모른다.

간결하고 예의 바른 마무리

마무리 역시 간결하고 예의 바르게 적도록 하자. 간략하게 건강과 평안을 기원하는 메시지 정도는 괜찮을 것 같다. 요즘에는 "감사합니다."라고 마무리하는 것이 보통 일반적이다. 답장을 기다린다고 하는 것도 그렇게 예의에 어긋나 보이지는 않는다. 다음 정도라면 무난할 것 같다.

> **학생(1)** 교수님, 그럼 다른 수업 시간에서 또 뵙겠습니다. 날씨가 많이 추워졌는데 건강하시길 기원합니다.

필자도 마지막 문구를 쓰는 것이 쉽지 않았다. 곰곰이 생각해보면, "감사합니다."라는 표현도 "도대체 뭐가 감사하다는 거지?"라고 생각할 수 있다. 보통은 "읽어 주셔서 감사하다."는 의미로 읽는다. 그래서

"읽어 주셔서 감사합니다."라고 하면 덜 어색해 보인다.

> **학생(2)** 교수님, 답장을 기다리겠습니다. 읽어 주셔서 감사합니다.

친하지도 않은데 과도하게 문학적인 표현으로 자신을 드러내는 것은 부담스러우니 권장하지 않는다. 위에서 말한 내용을 실제 이메일 화면 으로 보자면 다음과 같다.

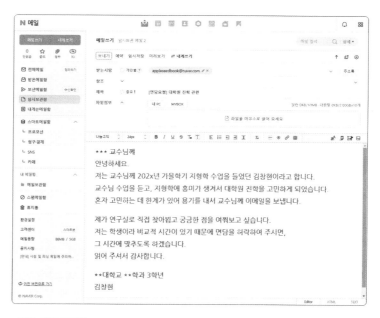

_ 면담 요청 이메일 _

외국인 교수에게 영어로 이메일을 보내야 할 경우도 있을 것이다. 이 런 경우 기본적인 내용을 정리하면 다음과 같다. 영문 이메일의 경우, 보다 전문적인 책과 글을 참고해서 작성하기를 권장한다.

제목: Meeting request considering graduate school

내용:

Dear Professor Smith,

I am Chang—hyun, attending your Morphology class last semester.

I am a 4th year undergraduate student majoring in geography.

I am considering going to graduate school. I would like to ask you for a meeting on graduate school.

If it's okay with you, I would like to go to the office and ask some questions.

I would be grateful if you could reply.

Best regards,

Chang—hyun Kim

_ 면담 요청 영문 이메일 _

자기 어필의 방법으로 이력서(CV)를 첨부하라는 조언을 인터넷에서 본 적이 있다. 혹, 자신이 드러내고 싶어하는 점이 있다면 어필하는 것도 가능하다. 이 조언은 한 번쯤 더 생각해 볼 필요가 있다. "처음 이메일을 보내면서 다짜고짜 자신의 이력서를 읽으라고 보내는 것은 무례하다."는 의견도 있을 수 있기 때문이다. 친절하게 이력서를 보내 줘서 더 많은 정보를 얻었다고 생각하는 교수도 있기 때문에 잘 판단해 보기를 바란다.

첫술에 배 부를까? 첫 이메일에서 자신에 대해서 모든 것을 다 드러내기보다 자신에 대한 궁금증을 일으키는 것이 더 나을 수 있다. 처음부터 모든 정보를 다 보이는 것은 부담스러울 수 있으니 신중하도록 하자. 이메일을 보낸 다음에는 최소 1주일 정도는 기다릴 필요가 있다. 내가 아는 교수님들은 이메일은 주기적으로 체크하기 때문에 3~4일 안에는 답장을 주는 편이다. 다음과 같은 답장을 받는다면 여러분의 이메일은 일단 성공한 것으로 볼 수 있다.

> **교수** 안녕하세요. 메일을 주셔서 감사합니다. 다음 주 수요일이나 목요일 오후 시간이 됩니다. 괜찮으시면 수요일 2시쯤 연구실로 올 수 있을까요?

혹시 1주일이 지나도 답장이 오지 않을 경우 메일을 다시 보내고, 하루 이틀 정도 지나도 연락을 받지 못하면 학과 조교를 통해서 교수에게 연락을 취할 수도 있다. 하지만, 직접 연락을 취하는 것이 가장 바람직한 옵션이다.

그리고 사소하지만 중요한 주의 사항을 꼭 말해 두고 싶다.

> **주의 사항**
>
> - 교수에게 쓰는 이메일에 ~ , ^^, ――; 같은 특수 문자로 감정 표현을 하는 것은 권장하지 않는다. 이메일은 인스타그램 DM이 아니다.
>
> - 구구절절하게 집안의 어려운 사정을 늘어놓는 것도 권장하지 않는다. 타인의 사생활을 깊숙이 알게 되는 것은 부담스럽다.
>
> - 교수에게 이메일을 쓰면서 "***박사님께"라고 쓴다면 다시 생각해 보라고 권하고 싶다. 이런 표현에 기분이 상했다는 교수를 본 적이 있다.

대학원 생활,
만만히 보지 말라

대학원에 입학한 것을 축하한다! 여러분은 서류 지원, 면접 등을 거쳐 대학원에 입학해, 이제 '대학원 생활'을 할 것이다. 분명 여러분은 여기서 뭔가 새로운 일들을 겪게 될 것이다. 여러분은 학부 과정 때 성실하게 생활을 했을 수도 있고, 흥미로운 생활을 즐기느라 공부를 소홀하게 했을 수도 있다. 또는 직장에 다니다가 청운의 꿈을 안고 입학했을지도 모른다. 대학원에 합격한 이상, 여러분은 이제 학계에 발을 들이게 된 것이다. 한 가지 전제하고 싶은 것은 대학원은 결코 '만만하지 않다.'는 것이다. 대학원에서 써야 하는 텀페이퍼, 논문 자격을 얻기 위해서 봐야 하는 시험, 논문 심사 뭐 하나 쉬운 게 없을 것이다. 너무 겁먹지 말자. 세상 어디나 그렇듯 대학원 생활에도 규칙과 장벽이 있다. 그러나 여러 조건을 잘 활용한다면 분명히 다음 단계로 나아갈 초석을 다질 수 있을 것이다.

지도교수 만나기 전략[7]

지도교수는 당신이 전공한 분야의 대가이고, 그 분야에서 당신이 적어도 10년은 공부해야 따라갈 만한 내공을 갖고 있다. 논문을 쓸 때 지도를 받는 것은 물론이고 장학금 및 당신의 진로에 영향을 미치는 사람이다. 여러분이 유학을 가거나, 취직을 할 때도 지도교수의 추천서가 필요하다. 대학원 생활을 할 때도, 대학원 생활을 마쳐도 지도교수는 여전히 중요하다. 당신이 교수가 되면, 지도교수의 눈치를 보지 않을 수 있을까? 그것도 장담하기 어렵다.

그러나 여러분은 지도교수를 통해 그의 노하우를 얻을 수 있고, 좋은 인맥과 연결될 수도 있다. 한국에서 지도교수와 대학원생의 관계는 각별하고, 또 특별하다. 시중에 '대학원 생활 잘하는 법'에 관한 책도 있고, '논문 잘 쓰는 법'에 관한 책도 있는데, '지도교수 잘 다루는 법'에 대한 책은 없는 것이 신기할 정도이다.

학부 때 연구에 대한 지도를 거의 받지 않다가, 대학원생이 되어 처음으로 '지도교수'를 만난 사람들은 교수 대하기를 어려워하고 무시무시한 장벽으로 느끼기까지 한다. 무지무지 중요하지만 대하기 까다로운 지도교수를 어떻게 대해야 할까?

학사 일정을 스스로 챙겨라

지도교수의 역할이 절실할 때는 논문을 작성할 때이다. 논문을 쓰면 하나부터 열까지 궁금한 것이 많다. 무턱대고 지도교수를 자주 찾아가 모든 부분에 의존하는 것은 (지도교수가 그렇게 해 줄 리도 없지만) 좋지 않다. 그동안 해 놓은 게 없어서 지도교수를 만나지 않으면 더욱 좋지 않다. 1주일에 한 번 혹은 2주일에 한 번 정도 만나 진도를 체크하는 것이 이상적이지만, 현실적으로 쉽지는 않다. 어떤 경우라도 지도교수를 만나려면 전략을 잘 짜야 한다. 필자가 생각하는 지도교수 만나기 전략은 다음과 같다.

지도교수 입장에서는 학생이 알아서 할 일을 하고, 자신에게는 최소한의 고민만 안겨 주는 것이 가장 좋다. 학생은 지도교수가 자신의 연구에 관심을 많이 가져 주길 바란다. 이런 간극을 어떻게 해소할까? 학생이 수고로움을 조금만 감당한다면 훨씬 더 효율적으로 지도교수를 만날 수 있고, 훨씬 더 자신의 연구에 도움을 많이 받을 수 있다. 그 수고로움이란 역설적으로 자기 논문에 관한 학사 일정을 자기 스스로 챙기는 것이다.

학생은 지도교수가 해야 할 역할을 정확하게 알려 줄 필요가 있다. "아니, 그걸 할 줄 알면 내가 왜 이 글을 읽겠어?"라고 할 사람도 있을 것이다. 그러나 해 보면 안다. 자기 일정을 정확하게 알고 있고 그에 따라 지도교수와 협의하는 학생은 교수가 신뢰하지 않을 수 없다. 예를 들어, 3월 하순에 교수를 만나, "교수님, 4월 19일에는 제 논문의 연구 계획서 발표가 있어서, 제가 발표하고 싶은 주제를 간단히 적어 왔습니다."라는 식으로 자신의 일정을 먼저 설명한다고 생각해 보라. 교수는 '이 친구는 자기 일을 알아서 잘 챙기고 있군.'이라고 생각하면서 믿음직하다고 느낄 것이다. 나아가서 4월 13일까지 연구 계획서를 제출해야 하므로 "3월 말인 지금에는 어느 정도 아이디어를 구체화할 필요가 있습니다."라고 말할 수도 있다. 지도교수도 학생의 연구 아이디어를 구체화하는데 동참할 필요가 있다는 점을 분명히 상기시켜 주는 것이다. 더 나아가서 자신이 어떤 부분까지 고려해서 이렇게 아이디어를 구체화하려고 한다는 대안까지 보여 주면 더 좋을 것 같다. 자기 일정을 스스로 챙기고, 이 단계에서 교수가 할 일을 구체적으로 알려 주는 학생을 교수는 신뢰하게 될 것이다. 교수의 신임을 얻는 것은 대학원 생활에서 상당히 중요하다.

공들인 한 장의 문서

지도교수가 말이 없고 순종적인 학생을 좋아할까? 교수는 기본적으로 연구하고, 가르치는 사람이다. 연구할 때 아무 아이디어를 내지 않는 사람을 좋아할 수 없다. 가르칠 때 아무 반응이 없는 학생도 교수로서는 대하기 힘들다. 학생이 열정을 가지고 아이디어를 낼 때 지도교수도 에너지를 낼 수 있다. 지도 학생이 말이 없으면 교수는 학생이 뭘 원하는지 모른다. 원하는 것이 있으면 정확하게 말하는 습관을 들일 필요가 있다.

지도교수는 바쁘다. 긴 문서를 읽고 충분히 검토할 시간이 부족하다. 당신이 연구 계획서를 제출하고 싶은데, 교수 앞에서 논리 정연하게 아이디어를 설명할 방법이 없다면 '공들인 한 장의 문서'로 설명하라. 짧은 문서에는 당신이 말하고 싶은 핵심이 정확하게 담겨야 한다. 허술한 표현, 비전문적 아이디어, 틀린 맞춤법, 어법에 어긋난 표현이 없는지 검토하고 또 검토하며 공을 들여야 한다. 홍길동이라는 석사 과정 학생이 대학원 3학기 연구 계획서(프로포절) 발표를 앞두고, 연구 주제 선정 건으로 지도교수와 대화한다면 다음 페이지를 참고해서 문서를 쓰면 좋을 것이다.

"저 어떡해요?"라고 질문하지 말라

학생들은 비싼 등록금을 냈으니 당연히 질문할 권리가 있다고 생각할 수 있다. 물론 질문하는 것은 중요하고 필요하다. 그런데 "어떤 질문을 할 것인가?"라는 점도 생각해 볼 필요가 있다. 가르치는 사람도 사람이기 때문에 때로는 질문을 받는 것이 힘들 수도 있다. 예를 들어 인터

홍길동 (석사) 연구 계획서 발표 대비 논문 연구 주제 선정 관련

1. 논문의 키워드: aaa, bbb

2. 주요 참고 문헌 조사 결과

  - 고길동(2019) 등 연구에서 aaa의 어떤 측면을 다루고 있으며, 도우너 (2021)의 연구는 bbb의 어떤 측면을 다룸.

  - aaa와 bbb의 관계를 연구한 경우는 많지 않은데, 이것은 연구 원자료 를 획득하기 힘들기 때문인 것으로 보임.

  - 연구 원자료를 획득할 수 있다면, ccc의 연구를 한 차원 발전시킬 수 있을 것으로 판단함.

3. 방법론

  - 양적 방법: 설문 조사

  - 질적 방법: 심층 인터뷰, 참여 관찰

  - 혼합: 설문 조사 & 심층 인터뷰

  - aaa와 bbb의 연구 주제 특성상 설문 조사를 활용하는 것을 고려 중(대 상: 일반인 300명), 연구방법론은 다중 회귀 분석과 구조 방정식 모형 중 나은 대안 선택 필요.

4. 학위논문 일정

  - 4월 13일 연구 계획서 원고 제출 마감

  - 4월 19일 연구 계획서 발표

_ 지도교수 면담 시 문서 제안 _

넷에 간단하게 검색하면 알 수 있는 사실을 굳이 지도교수에게 물어서 확인받고 싶은 사람들도 있다. 게다가 성인인 대학원생이 "난관에 부딪쳤어요. 해결책을 알려 주세요."라고 말하면 교수도 힘들 수 있다. "이걸 질문이라고 하나?"라고 말하고 싶다가도 '어디부터 알려 줘야 하지?', '이 학생은 공부할 의지가 있는 학생일까?' '내가 이 친구의 연구를 통째로 대신해 달란 말인가?' 등등 부담을 느끼게 될지도 모른다. 뭔가 주어진 답안지 사이에서 답을 고르는 것은 쉽지만, 막연히 "어떻게 할까요?"라고 물어보면 굉장히 부담스러울 수밖에 없다.

교수에게 조언을 구할 때는 자신이 고민한 지점까지 이야기를 할 필요가 있다. "연구하다가 제가 이런 문제에 부딪쳤습니다. 자료를 찾아보니 대략 a, b, c 정도의 방법이 있는 것 같습니다. 이 중에서 어떻게 하는 것이 시행착오를 줄일 수 있을까요?" 대학원생이 이 정도로 고민을 해서 질문을 한다면, 교수 입장에서도 훨씬 쉽게 답변을 할 수 있을 것이다. 연구 결과를 해석할 때에도, "1번과 2번과 3번 방법으로 연구해 보았는데 각각 이런 결과가 나왔습니다. 제 논문 주제와 가장 유사한 결과는 2번과 3번인 것 같은데 교수님은 어떻게 생각하시는지요?"라고 물어볼 수 있다.

좋은 관계를 만들어 갈 책임

불편한 이야기를 꺼내려 한다. 인터넷 커뮤니티나 SNS에는 지도교수에 대한 원성 가득한 글을 심심찮게 접할 수 있다. 대학원 생활은 '지도 교수의 노예'가 되는 짓이라는 자조적인 목소리도 적지 않다. 지도교수라는 지위를 이용해 불법적인 요구를 한 경우도 매스컴에 오르내린다. 이런 경우 대학원생은 난감할 수밖에 없다.

한 가지 확실한 점은 다른 사회 분야와 마찬가지로 학계도 그동안 투명해지고 깨끗해졌다는 것이다. 예전처럼 부당한 일을 당하고 참는 사람도 별로 없거니와, 사회적 수준도 높아진 결과이다. 그럼에도 불구하고, 지도교수에게 부당한 일을 당하면 자신의 '졸업'이라는 문제와 연결되어 복잡한 심경이 들게 마련이다. 완전한 해결책을 제시할 수는 없지만, 몇 가지 원칙을 상기하는 것으로 대신하고자 한다.

불법이라고 생각할 정도의 부당한 일을 당했다면, 그것이 무엇이 되었든 공식화시켜서 문제를 해결하기를 권장한다. 그러나 자신에게 상처 주는 말을 했다거나 연구하는 과정에서 의견이 맞지 않아서 고민이라면 다시 생각해 보자. 직장에 가도 여러분의 성과물에 대해서 듣기 싫은 소리를 하는 수많은 상사와 관계자가 존재한다. 어디를 가도 마찬가지이다. "직장은 돈을 받고 다니지만, 대학원은 내가 돈을 내고 다니는데 왜 제대로 된 서비스를 받지 못하는가?" 이러한 질문을 제기한다면, 본인 역시 '진상 손님'이 아닌지 생각해 볼 필요가 있다. 지도교수의 도장을 얻지 못하면 여러분은 졸업하지 못한다. 식당에서 돈을 내고 밥을 안 먹어도 나갈 수 있지만, 지도교수의 도장이 없으면 대학원을 졸업하지 못한다. 좋은 관계를 만들어 갈 책임은 본인에게도 있음도 상기하자.

대학원에서 오랜 세월을 보낸 사람들보다 오히려 직장에서 일하다 진학한 사람들이 지도교수를 더 잘 대한다고 느낀 적이 있다. 아무래도 사회생활을 해본 사람들은 직장 상사나 임원을 많이 대해 봤기 때문에 윗사람에게 어떻게 대처해야 하는지를 본능적으로 아는 경우가 많았다. 학부 마치고 대학원으로 바로 진학한 경우 경험이 부족해서 더욱 지도교수를 대하는 것이 어려울 수 있다. 그러나 지도교수를 마냥 직장 상사처럼 생각하는 것도 곤란하다. 결국 대학원에서 논문을 써서 졸업하는 것은 학생 본인이지 지도교수가 아니기 때문이다. 어디까지나 키는 본인이 쥐고 있어야 한다.

좋은 연구자로 성장하기 위한 공부하기 전략

원칙적으로, 대학원에서 공부를 하는 이유는 좋은 연구자가 되기 위해서이다. 좋은 연구자란 단순히 많은 개념을 암기하고 있는 연구자가 아니고, 좋은 문제의식을 발전시켜 연구 성과를 낼 수 있는 연구자를 의미한다. 필자도 훌륭한 연구 성과로 인정받을 '위대한 논문'을 쓰기를 꿈꾸었다. 그러나 대학원 과정을 냉정하게 본다면 결국 여러분이 할 일은 좋은 논문을 쓰고 졸업하는 것이다. 대학원 생활 막바지에 이르면, "좋은 논문을 안 써도 되니, 그냥 쓰고 졸업만이라도 했으면 좋겠다."는 마음도 든다. 그러나 수많은 시간을 숱한 고민으로 지샌 누구나 좋은 논문을 쓰고 싶은 열망이 마그마처럼 안에서 끓고 있을 것이다. 여러분보다 먼저 겪은 사람으로서 좋은 논문을 쓰기 위해 이렇게 준비하라고 조언하고 싶다.

최근 늦은 나이에 대학원에 진학해 고민하는 후배를 만났다. 그는 학부를 마치고 법학전문대학원을 졸업한 뒤 법무법인에서 근무하다 대학원에 진학했다. 코로나19 때문에 재택 수업을 하면서 한 번씩 교수님을 오프라인으로 만난다고 한다. 그의 고민은 너무 시간이 많다는 것이었다. 법무법인에서 근무할 때는 전투를 치르듯 위에서 떨어지는 수많은 업무를 처리해야 했다. 그런데 대학원에 오니 정작 누가 자기에게 무엇을 적극적으로 시키지 않았다. 그는 "대학원이 원래 이런 곳이냐?"고 물었다.

대학원에 온 이상 공부는 혼자 하는 거다. 대학원은 지식을 주입하는 곳이 아니라 자신의 문제의식에 따라 해답을 찾는 과정이다. 대학원에서 만나는 사람 대부분은 여러분이 무엇을 하는지 관심이 없을 뿐 아니라, 여러분의 연구 분야에 대해서 잘 알지 못할 것이다. 자기 분야로 조금 깊이 들어가는 순간부터 여러분은 외로워진다.

필자가 전공한 지리학을 예로 들자면, 지리학 내에서 자연지리학, 인문지리학, GIS(Geographic Information System/ Science, 지리 정보 시스템)는 각각 공부하는 분야가 다르다. 자연지리학은 지형, 토양, 기후 등 자연 현상을 다루기 때문에 물리, 화학, 지구과학의 지식이 필요하다. 인문지리학은 인구, 도시, 경제 등 인간 활동과 지리적 특성의 관계를 공부하는데, 그 가운데 역사지리학 전공이라면 고문헌 해독을 위해 최소한 한자를 읽을 수 있어야 한다. GIS는 인간 생활에 필요한 지리 정보를 컴퓨터 데이터로 변환하여 효율적으로 활용하기 위한 정보

시스템으로서 R, 파이썬, ArcGIS 등 툴을 잘 다루면 도움이 된다. 각 분야마다 기초를 다지려면 상당한 시간과 품이 든다. 같은 과라 하더라도 전공에 따라 주제가 다르고, 툴도 다르므로 같은 전공자가 아니면 공통 관심을 갖기 힘들다. 연구 대상은 무궁무진하다. 연구 주제를 잡는 것부터 어떤 툴을 학습할 것인지까지 모두 여러분의 선택이며, 누구도 특정한 공부를 하라고 강요하지 않을 것이다.

가끔은 생각해 보자. "이 연구가 내 미래에, 혹은 이 사회에 어떻게 기여할 수 있을까?", "장래를 생각한다면 어떤 연구가 좋을까?" 당장 뾰족한 답을 찾기는 어려울 것이다. 하지만 무엇을 공부할 것인가? 어디까지 공부할 것인가? 이 연구는 나의 진로에 어떤 영향을 줄까? 이런 질문을 하면서 스스로 문제의식을 발전시켜야 한다. 다른 누구도 책임지지 않는 외로운 싸움이다. 지도교수 역시 여러분의 논문을 전적으로 책임지지 못하며, 여러분의 논문은 나중에 여러분 이력서의 한 줄로 기록될 것이다.

공부는 같이 한다

공부의 문제의식과 방향은 스스로 정하지만, 동료 연구자와 소통하는 것 역시 중요하다. 동료 학자들의 평가가 내 연구의 가치를 좌우할 수도 있기 때문이다. 훌륭한 연구를 수행했다 하더라도 동료 학자들이 전혀 인정해 주지 않는다면 일반인들은 그 가치를 알아보기 더욱 어렵다. 여러분의 연구를 평가할 사람들은 여러분과 같이 공부하는 선후배, 혹은 교수이다. 동료 연구자들이 어떤 생각을 하며, 어떤 연구를 좋은 연구라고 생각하는지 알아야 한다. 사람의 생각을 알기 위해서는 접촉면을 늘려야 한다. 많은 대화를 많이 나누고, 세미나에 참석하고, 학회에서 자신의 아이디어를 발표하면서 자신의 생각에 대한 피드백을 받을 필요가 있다.

대학원에 들어왔다면, '학회'라는 말을 많이 듣게 될 것이다. 학회는 비슷한 학문을 하는 사람들이 모여서 연구 성과를 공유하고 친목을 다지는 공간이다. 여러분은 학회를 통해서 논문을 발표할 수도 있고, 또 다른 사람의 발표를 접할 수도 있다. 또 비슷한 주제를 가진 사람을 모아서 세미나를 조직할 수도 있다. 공부하는 사람에게 있어서 학회는 '기회의 보고'이다. 학회를 활용하라!

필자도 그렇게 못 했지만, 자신의 관심사와 관련 있는 학회는 최소 2~3군데 등록을 해 두고 매년 학술 대회에 참석하는 것이 가장 좋다. 처음 학회에 갔을 때, 학회에서 "우리 홍길동 군, 어서 오시게."하고 반겨주는 것은 결코 아니다. 학회는 여러분에게 학회에 필요한 잡일을 처리해 줄 것을 기대할지도 모른다. 보통 교수를 따라 학회에 가게 되는데, 어떤 학생들은 '내가 왜 교수를 따라가서 학회의 잡무를 도와야 하나?' 생각하며 회의를 느끼기도 한다. 하지만, 여러분은 그 학회에서 아이디어를 발표하고 피드백을 들을 수 있는 권리도 있다. 자신이 필요로 하는 것을 얻는 것이 중요하다. 대학원생이 학회에서 얻을 수 있는 것이 무궁무진하다. 다음과 같이 학회를 활용하자.

첫째, 자신의 학위논문을 미리 발표해 본다. 학회에서는 완성된 논문만 발표하지 않는다. 논문 초록만 내면, 이제 갓 아이디어 단계에 있는 연구라도 얼마든지 발표할 수 있다. 이때 내공 깊은 연구자들에게 피드백을 받으면 내 연구의 소중한 자산이 된다. 자신의 연구에 대해서 사람들이 어떻게 생각하는지 가늠하고, 무엇을 보충해야 하는지 명확하게 알 수 있다. 혹시 너무 공격적 질문을 받더라도 절망하지 말자. 예전 한 선배의 말에 따르면 청중이 공격적으로 질문했다는 것은 당신이 아이디어를 잘 전달했다는 의미이다.

둘째, 논문을 발표한다. 학위 과정에서 논문을 썼다는 것은 다음 커리어로 가기 위한 가장 큰 자산이다. 커리어를 생각하면 해외 학술지에 논문을 내는 것이 가장 좋다. 그러나 석사 과정이라면 2년 사이에 해외 학술지에 논문을 싣는 것은 무리한 일정이 될 수도 있다. 먼저 국내 학술지에 도전하여 경험을 쌓는 것도 좋은 일이다.

셋째, 관심 있는 분야의 교수를 찾아가서 상담할 수 있다. 코로나19로 인해 오프라인 학회 문화가 다소 주춤해졌지만, 여전히 화상 회의 등을 통해서 학회가 이뤄지고 있다. 학회는 아이디어를 공유할 수 있는 공간일 뿐만 아니라, 사람을 만날 수 있는 공간이다. 자신의 관심사가 이민자 문제라면, 이민자 문제에 대해서 논문을 많이 쓴 교수를 찾아가 자신의 존재를 알리고 이런 연구를 하고 있다고 어필할 수 있다. 국내에서도 해외 학회가 열리며, 이때는 해외 석학들이 한국을 방문하기도 한다. 여러분이 책이나 논문에서 보았던 학자를 국내에서 만날 날이 올지도 모른다.

필자는 현대 국가 이론의 대가인 영국의 사회학자 밥 제솝이 한국에 왔을 때, 용기를 내서 말을 걸었던 기억이 있다. "금융화에 대한 당신 논문을 열심히 읽었다. 나도 관련된 연구를 하고 있다."고 말했다. 당시 70이 넘었던 제솝 교수님은 매우 반가워하며, "잘하길 응원한다. 내 이메일로 당신 연구 주제를 알려 주면, 내 최신 논문을 하나 보내 주겠다."고 했다. 긴 인연으로 이어가진 못했지만, 그의 글을 읽으면서 공부했던 사람으로서 공부했던 텍스트의 저자와 만나서 이야기를 나눴다는 것만으로도 감격스러웠고, 공부하는 데 큰 힘이 되었다.

학회에서는 정보가 돌아다닌다. 장학금이나 입학 정보, 유학 정보 등을 얻을 수도 있다. 최근 코로나19 여파로 학회 문화는 온라인 세상으로 많이 이동한 것 같다. 조만간 메타버스를 이용한 학회 문화가 정착할지도 모르지만, 여전히 학회는 사람이 모이는 곳이다. 젊은 세대로 갈수록 사람이 모이는 것을 썩 달가워하지 않는 듯하다. 하지만, 여러분을 잡일에 동원한다고 해서 학회가 기회의 보고라는 사실이 변하지 않는다. 학회에서 여러분이 원하는 것을 찾고 얻어 내기를 바란다.

논문 잘 읽고 요약하기

필자 학부 시절에 이런 말을 들은 적이 있다. "예전에는 해외로 유학을 갈 필요가 있었지만, 지금은 책상에 앉아서도 전 세계 좋은 논문과 책을 다 검색할 수 있기 때문에 유학을 갈 필요가 없다." 이 말에 제법 고개가 끄덕여진다. 그런데 이 말은 해외 교수들과 맺는 인맥, 외국어 접근성, 유학 프리미엄 등을 간과하고 있다.

자료 습득 측면에서 보자면 지금은 역사상 그 어느 때보다 공부하기 좋은 때임은 틀림없다. 여러분이 대학원에 소속되어 있다면, 대학 도서관 홈페이지를 통해 도서관에서 구독하고 있는 세계의 유수 학술지들을 다운받아 읽을 수 있다. 또한, 구글 학술검색에서 간단한 몇 가지 검색만으로도 여러분이 관심을 둔 주제에 대한 에세이나 연구 논문을 찾을 수 있다. 무엇보다도 소셜미디어의 발달로 연구자들끼리 직접 소통도 쉬워졌다. 필자도 대학원에 다닐 때 이 엄청난 정보의 바다에서 무엇을 먼저 봐야 할까 하면서 정보의 양에 압도되었던 기억이 지금껏 생생하다.

여러분은 졸업하기 위해서 학위논문을 써야 한다. 그런데 학위논문은 결국 연구 논문을 쓰기 위한 준비 혹은 예행연습이다. 여러분이 연구자가 되면 최종적으로 발표하는 결과물의 형태는 '논문'이다. 그러므로 다양한 학회지에 수록되어 있는 학술논문은 여러분의 가장 훌륭한 과외 선생님이자 교과서이다. 그렇게 논문을 쓰기 위해서 지금 훈련과정을 거치고 있다고 해도 과언이 아니다.

학과와 대학마다 사정이 다르겠지만, 인문 계열 대학원의 세미나 수업역시 논문 요약 혹은 발제로 이뤄지는 경우가 많다. 대학원에서 '세미나 수업'이란 자신이 읽은 논문을 요약해서 발표하며 진행된다. 요약과 문제 제기, 그리고 발표를 줄여서 '발제'라고 한다. 문과 대학원생들에게 이 '발제'라는 단어는 결코 가볍게 다가오지 않을 것이다. 대학원 시절 필자도 연구실에 늦은 시간까지 앉아서 낑낑대며 발제를 했던 기억이 선명하다.

문과 대학원, 특히 사회과학 대학원이라면 수업에서 다루는 논문은 영어 논문이 대부분이다. 영어를 잘해도 논문 읽기는 벅찬데, 평균적인 영어 실력으로 영어 논문 여러 개를 수업 때마다 읽고 요약하고 발표하고 질문하는 것은 결코 만만치 않다. 발제할 때 시간이 모자라면 논문의 큰 흐름을 파악하기 위해 쓰는 꼼수도 있다. 모든 논문에 달린 논문 요약, 초록(abstract)을 읽는 것이다. 물론 초록 읽기로 논문의 내용을 완전히 파악하기란 불가능하다. 논문 전체를 읽고 이해하는 데에는 절대적인 시간이 필요하다. 대학원생은 시간을 쪼개고 쪼개서 공부할 시간을 확보해야 한다. 하지만 발제할 시간이 절대적으로 모자랄 때 썼던 방법을 몇 가지 소개한다.

◎ 첫 문장을 읽고 해석해서 모은다

잘 쓴 논문의 경우, 첫 문장에 문단 전체의 핵심이 표현된 경우가 많다. 모든 문장을 음미하면서 읽고 해석하면 좋겠지만, 보통 시간이 많지 않다. 이럴 때는 첫 문장을 읽으면 문단의 내용을 대략적으로 파악할 수 있다. 시간이 부족해서 아무 것도 하지 않는 것보다는 첫 문장이라도 읽고 해석하면 그 논문에 대한 이해를 조금은 더 높일 수 있다. 이렇게 잘 분석된 첫 문장을 이어 놓으면 전체 논문의 그림을 파악하는 데 도움이 된다. 물론, 이렇게만 해서는 논문의 내용을 절대로 완전하게 이해할 수는 없다.

◎ 영어 논문 읽기는 번역기로 해결되지 않는다

다른 모든 글처럼 논문도 저자의 의중을 읽는 것이 중요하다. 논문 안에는 수많은 개념과 이론이 포함되어 있고, 그 모든 개념과 이론을 단번에 정복한다는 것은 사실상 불가능하기 때문이다. 복잡한 의미의 망이 펼쳐진 글 속에서 저자가 주목하고 싶은 포인트와 맥락을 찾아내는 것이 발제의 핵심이라고 할 수 있다. 그런데 이 복잡한 논문이 영어라는 것이 문제다. 영어 번역기를 돌려볼까 하는 생각이 저절로 난다. 번역기의 도움은 받되, 그것으로 완벽하게 논문을 이해하겠다는 생각은 버리는 것이 좋다.

구체적으로 논문 한 구절을 보자. 경제지리학자인 사라 홀의 '화폐와 금융의 지리학 Ⅱ(Geographies of money and finance II: Financialization and financial subjects)'이라는 논문의 일부이다(밑줄은 필자).[8]

"In response to these oversights, I begin this review by examining the wider theoretical antecedents of work on financial subjectivities. I then document how recent research in economic geography has developed a greater appreciation of the role of space and place in shaping processes of financial subjectification in terms of both everyday financial consumers and financial elites. I argue that this geographical approach to understanding financial subjectivities is valuable because it demonstrates the continued uneven and unequal nature of the international financial system in terms of both its internal workings and its implications for households. In so doing,

---

it offers one way of responding to criticisms that recent work on money and finance, particularly cultural economy approaches, has lost sight of the political nature and inequalities associated with financial markets that characterized earlier geographical research."

"기존 논의의 미진한 점을 보완하기 위하여, 나는 더 넓은 이론적 선례를 확인함으로써 금융 주체성(financial subjectivities)에 대한 검토 작업을 시작한다. 그런 다음, 최근 경제지리학 연구들이 일상적 금융 소비자와 금융 엘리트 모두의 관점에서 금융 주체화(financial subjectification) 과정을 형성하는 데 공간과 장소의 역할에 대해 어떻게 학문적 관심을 키워왔는지 설명한다. 나는 이와 같이 금융 주체성(financial subjectivities)을 이해하기 위한 지리적 접근 방식이 가치가 있다고 주장한다. 왜냐하면 그것이 (금융 시스템) 자체의 움직임과 가계에 미치는 영향 측면에서 국제 금융 시스템의 계속되는 불균등(uneven)하고 불평등(unequal)한 특성을 보여 주기 때문이다. 그럼으로써, 화폐와 금융, 특히 문화 경제 접근에 대한 최근 연구가 기존 지리학 연구의 특징인 금융 시장 관련 정치적 성격과 불평등을 간과했다는 비판에 대응하는 길을 열어 주고자 한다."

이 논문의 제목을 우리가 흔히 사용하는 번역기에 돌려 보자.

_ 번역기의 논문 번역 _

첫 번째 번역기에서는 financial subjects라는 개념을 '금융 주제'라고 번역한다. 두 번째 번역기에서는 '금융 과목'이라고 번역한다. 그러나 이 논문에서 subject는 과목이나 주제가 아니라 '주체'라는 의미이다.

이 글은 짧지만 매우 함축적이다. 전공자들에게 통용되는 단어가 많아 쉽게 이해하기 어렵다. 금융 주체성(financial subjectivities), 금융 주체화(financial subjectification) 등의 개념은 신문이나 방송에서도 듣기 어려운 말이며, 관련 전공자가 아니라면 이 단어를 평생 들을 일도 없을 것이다. 그러니 찬찬히 읽어 보자.

홀은 기존의 연구에서 놓친 부분(oversight)에 대한 대답(response)으로, 금융 주체성(financial subjectivities)에 대한 문헌 연구를 진행하겠다고 한다. 그리고 경제지리학 연구에서, 금융 주체화의 형성 과정에서 공간(space)과 장소(place)를 얼마나 중요하게 다루었는지 보겠다고 말한다. 그리고 나서 저자는 금융 주체화를 이해하는 것이 중요하다고 주장한다. 왜냐하면, 금융 시스템의 작동 논리나 금융 시스템이 가계(households)에 미치는 영향 모든 측면에서 국제 금융 시스템이 불균등하고 불평등하게 작동되고 있기 때문이라고 한다. 이를 통해 지리학의 '문화 경제적 관점(cultural economy approaches)'이 정치적 성격과 불평등을 간과했다는 비판에 대한 방어 논리를 만들고자 한다고 말한다.

이 논문은 푸코가 제기한 금융 주체화(financial subjectification)를 공간적 관점에서 설명하는 문헌 연구이다. 그래서 푸코의 통치성(governmentality), 주체성(subjectivity)과 주체화(subjectification) 개념이 곳곳에 나타난다. 인용 끝 부분의 '문화 경제적 관점'이란 지리학 중에서도 푸코의 '통치성(governmentality)' 개념을 차용한 연구 분야이다. 금융이 중요해진 경제 시스템에서 일상생활을 수행하는 각 주체들 간에 금융의 역할이 확장되면서 각 주체들이 어떻게 금융 주체화 과정에 편입되는지를 설명하려는 것이다. 저자의 설명으로는 공간적 관점을 차용하면, 이 관점이 비판을 받고 있는 지점들을 극복할 수 있다고 한다. 저자는 지리학자들의 연구를 소개하면서 거시적 시선에서 벗어나서 미시적 시선에서 금융 주체들을 관찰함으로써 '불균등 발전'이라는 거대 담론을 분해하고자 한다. 그리고 공간적 맥락을 관찰하는 것이 이 작업에 도움이 되었다고 말한다. 큰 틀에서 이와 같은 접근은 '문화 경제적 관점'의 일환으로 이해될 수 있다. 관심이 있다면 원문을 끙끙대며 읽어 보자. 맥락을 잡아내기가 정말 쉽지 않다는 것을 실감할 것이다.

논문은 흔히 생각하는 '영어 실력'만으로는 해결이 안 된다. 이런 글의 의중을 해석하기 위해서는 단순히 번역기에 의존할 수 없다. subject는 이 글에서 '주체'이다. 주체는 주체성과 주체화라는 개념과 연결되며, 나아가 푸코의 통치성 이론과 연관되어 있다. 주체의 의미를 알기 위해서는 번역기나 단순한 인터넷 검색 정도로 해결되지 않는다. 진득한 공부가 필요하다.

◎ '키워드'를 짚고 넘어간다: 주체, 주체성, 주체화

논문을 읽을 때는 키워드를 짚어야 한다. 이 논문의 제목만 봤을 때는 '화폐와 금융의 지리학'이라는 제목이 포괄적으로 보이지만, 푸코의 통치성 관점에서 '금융 주체화' 과정을 공간을 통해 설명한다는 철학적 의미가 내포되어 있다.

여기서 '주체'(subject)', '주체성'(subjectivities)', '주체화(subjectification)'라는 개념이 비슷해 보이지만 사실은 각기 다른 의미를 지니고 있다. 저자는 엘리트 금융 주체(elite financial subjects)라는 표현을 쓰고 있다. 데카르트의 "나는 생각한다. 고로 나는 존재한다."는 선언 이후 근대적 개념으로서 '주체'는 이성적으로 판단을 할 수 있는 존재이다. 푸코는 주체라는 개념을 의심한다. 근대적 개인은 스스로 생각하는 것처럼 보이지만, 사실은 체계(system)가 주체를 만들어내는 측면이 있다는 것이다. 이 과정을 '주체화(subjectification)'라고 부른다.[9] 이렇게 해서 만들어진 인간 주체의 경험을 '주체성(subjectivities)'이라고 한다. 즉, 푸코의 세계에서 주체는 만들어지며, 주체가 만들어지는 과정을 주체성, 그리고 주체가 가진 경험을 통틀어 주체성이라고 부르는 것이다. 저자는 이 개념들을 분명히 구분해서 사용하고 있다. 따라서 이러한 미묘한 용어의 차이에 주목하지 않는다면, 저자가 말하려고 하는 의미를 온전히 이해할 수 없게 된다.

제목만 보았을 때 이 논문은 금융경제학의 성격이 물씬 풍기지만, 내용을 들여다보면 푸코의 '주체성'에 관한 논의가 대부분이다. 경제지리학에서 '문화 경제적 접근'은 푸코의 '통치성', '주체성' 등의 개념을 차용하며, 그렇기 때문에 금융의 역할이 과대해진 경제 시스템, 즉 금융화 과정에서 체계가 주체를 어떻게 만들어내는지 주목하고 있다.

이와 같은 내용을 몇 마디 글로 완전히 이해할 수는 없다. 호기심이 생긴다면 해당 논문을 직접 읽어 보고, 나아가서 푸코의 『감시와 처벌』, 『안전, 영토, 인구』 등을 직접 읽거나 해설서를 읽어 보시기를 권한다. 논문에 들어 있는 개념을 이해하는 것은 만만치 않으며, 이런 개념을 이해할 힘을 기르는 것이 대학원 생활에서 여러분이 해야 할 일 중 하나라는 점을 분명히 강조하고 싶다. '주체', '주체화', '주체성'에 대한 개념이 여러분의 머리 속에 확실하게 자리잡게 되면 여러분은 여러분의 논문에서도 자유롭게 그 개념을 사용할 수 있게 될 것이다.

◎ 논문을 읽는 것은 자신의 학위논문에 대한 준비임을 잊지 말자

대학원 수업에 따라서, 혹은 교수의 성향에 따라서 다르겠지만, 대학원생이 가장 많은 시간을 보내야 하는 것은 논문을 읽는 것이다. 대학원 세미나에서는 논문 요약과 발제가 숙제로 주어진다. 그런데 논문을 숙제로만 생각하지 말자. 여러분은 결국 학위논문을 써야 졸업할 수 있다. 뿐만 아니라, 나중에 연구자로서 성과를 인정받고 학문 사회의 일원이 되기 위해서는 꾸준히 논문을 내야 한다. 여러분에게 주어진 논문은 단순히 숙제가 아니라, 나중에 여러분의 논문에 들어가야 할 참고 자료를 조사한다고 생각해야 한다.

필자가 대학원에 다닐 때에 '전략적으로 수업을 들으라.'는 조언을 많이 들었다. 이민자 문제에 대해서 논문을 쓰고 싶으면, 이민자에 관련한 수업을 듣고, 관련 내용을 발제해서 자신의 논문에 적극 활용하라는 것이다. 그러한 충고를 들었지만, 필자는 논문과 상관없이 최대한 다양한 분야의 수업을 들으려고 했다. 필자는 논문 주제를 수업 과목과 전혀 다른 소재로 잡는 바람에 논문 학기에 모든 이론 조사를 처음부터 다시 했다. 부랴부랴 경제학자들과 지리학자들이 쓴 논문들을 찾아서 읽고 정리하고, 글로 옮기느라고 시간 가는 줄 몰랐다. 조언을 따른 친구들은 이론적 배경을 작성할 때 크게 고생을 하진 않았던 것 같다. 문제의식을 가지고 전략적으로 수업을 들었으면 좋았을 것이라고 후회 비슷한 생각을 했다. 내가 관심 있는 주제에 대한 수업을 들으면, 다른 사람들의 논문 발제를 볼 수 있다는 것도 장점이다. 게다가 비슷한 주제로 고민하는 사람들과 아이디어도 나눌 수 있다.

3학기를 다 보내고 석사논문을 쓸 때가 되어서 대학원 과정이 왜 이렇

게 편성되어 있는지 이해할 수 있었다. 수업 시간을 최대한 활용해서 관련 지식을 습득하고, 또 비슷한 문제의식을 가진 사람을 만나서 토론하고, 발표 연습을 하다가 최종적으로는 논문을 발표하고 심사를 받는 것이다.

모든 길은 로마로 통한다는 말처럼, 대학원에서 하는 모든 행위는 결국 학위논문과 연결된다는 점을 염두에 둘 필요가 있다. 저 멀리 목표에 점을 찍고 있으면, 여러분이 해야 할 일이 정리된다. 논문을 읽는 것은 학위논문을 쓰기 위해서이다. 발표를 하는 것은 학위논문 발표의 연습을 하기 위해서이다. 교수님들과 좋은 관계를 유지하는 것도 학위논문 심사를 잘 받기 위해서 필요하다. 결국 심사란 AI가 하는 것이 아니라 사람과 사람이 만나서 하는 일이기 때문이다.

영어: 박사 연구원 취직할 때 영어 점수 들고 가라고?

문과 이과를 막론하고 대학원 과정 중 필요한 기술을 딱 하나만 고른다면 당연히 영어이다. 물론 통계, 글쓰기, 발표하기, 토론하기 모두 중요하다. 그러나 기본적으로 학문 사회에 유통되는 중요한 문건은 거의 영어로 되어 있고, 여러분의 커리어를 쌓게 해줄 논문 역시 영어로 써야 국제적으로 인정받을 수 있다.

그래서 많은 학교에서는 영어 시험 점수 제출을 의무로 하고 있다. 시험으로 보는 영어와 실제 쓰이는 영어는 다르지만, 어쨌든 영어 점수는 잘 받아야 한다. 요즘은 박사학위를 받은 뒤 취직을 할 때, 특히 국내 박사의 경우는 외국어 점수를 의무화하는 직장이 많다. 그렇기 때문에 학교 공부와는 별개로 영어 점수를 유지하는 것은 선택이 아니라 필수가 되었다.

필자는 국내에서 박사논문을 영어로 썼지만, 졸업하는 시점에 영어 점수가 없어서 서류 전형에서 떨어진 경험이 있다. 졸업 시즌이라 바빴고, 논문 하나만 쓰기에도 충분히 스트레스 받는데 영어 점수까지 준비할 여유가 없었다. 고생하는 것을 이해하지만, 이 점도 생각해 보자. 여러분도 잘 알다시피 박사 취업 시장은 전형적인 매수자 우위 시장이다. 노동력을 구매하고 싶은 회사가 갑이다. 박사 인력은 넘쳐나고, 그 중에서 영어 점수를 갖춘 성실한 사람도 넘쳐난다. 그래서 영어 점수는 없지만, 대단한 실력을 가졌을지도 모르는 어떤 사람에 대해서 직장이 특별히 사정을 봐줄 리 없다.

그때 트라우마 때문에 필자는 최근까지도 영어 시험을 주기적으로 봤다. 썩 좋은 점수가 나오는 것은 아니지만, 국내 웬만한 공공기관 커트라인보다는 훨씬 높은 점수를 유지해왔다. 물론 직장 생활을 하면서 따로 영어 시험을 보는 것은 여간 귀찮은 일은 아니다. "이미 공부 많이 했는데 영어 공부는 조금 쉬어도 되지 않을까?"라는 마음도 자주 든다.

대학원 때는 "논문을 읽으면서 영어 공부를 하고 있으니 따로 시험을 볼 필요는 없다."는 생각에 빠질 수 있다. 영어를 나름 잘 한다고 생각하는 경우, "나는 시험만 보면 영어 점수가 잘 나올 것이기 때문에 더 중요한 일을 먼저 하자."면서 영어를 소홀히 할 수 있다. 대학원에서 영어로 글을 많이 읽기 때문에 자기가 영어를 잘한다고 착각에 빠지기 쉽다. 그러나 자신을 알기 위한 투자라고 생각하면서 영어 시험을 자주 볼 필요가 있다.

영어 시험을 본다면 무슨 시험을 봐야 할까? 유학을 목표로 한다면 토플이나 GRE를 봐야겠지만, 국내 기업 스펙 유지용으로는 TEPS를 추천한다. 물론 어떤 시험이든 점수가 높으면 좋기 때문에 자신에게 가장 유리한 시험을 보는 것도 좋을 것이다. 해외에 유학 가려는 목적이 확실하다면 TEPS 점수는 별 의미가 없고, 국내 기업이나 연구 기관만을 노릴 예정이라면 굳이 토플이나 GRE를 보는 것보다 TEPS를 선택하는 것이 나을 것이다. 한국어 교재도 많고, 공부할 수 있는 자료도 충분하기 때문이다.

대학원에 다니다가 갑자기 취직해야 할 이유가 생기기도 한다. 평소 좋은 영어 점수를 받아 두었다면, 부득이한 사정으로 대학원 밖으로 나가서 취직을 하는 경우에도 유리하다.

좋은 영어 점수를 받으면 좋다는 것을 모르는 사람은 없을 것이다. 당장 필요성을 못 느끼고, 이번 달 영어 시험을 보지 않아도 하루가 그럭저럭 지나가기 때문이다. 그러나 시험은 의외로 정직해서 시험을 보지 않는 시간이 길어질수록 점수를 올리기가 점점 더 어려워진다. 필자역시 4~5번 영어 시험을 봤음에도 불구하고 시험 점수가 정체된 때가 있었는데, 그때 정말 말할 수 없이 답답했다. '시험' 영어 공부에 오래 손을 놓다 보니, 조금씩 공부해도 금방 성적이 향상되지 않았다. 만약 여러분이 새로운 진로를 선택하려고 하는데 영어 점수가 발목을 잡는다면? 생각만 해도 끔찍하다.

영어 시험 공부는 영어의 기초 체력을 기르는 일이다. 여러분이 농구 선수라면, 매일 슛 넣고 패스하는 연습만 하는 것이 아니고, 지루한 달리기 운동도 해야 하지 않겠는가. 현실적으로 영어는 학문 사회에 유통되는 상당한 저작물의 기본 언어이고, 여러분이 영어에 쏟는 모든 시간은 학문적 역량의 상승으로 고스란히 이어진다. 여러모로 남는 장사이다.

무라카미 하루키는 오전에 머리가 맑을 때 소설을 쓰고 오후에는 번역을 했다고 한다. 대학원 과정 때 논문을 읽다가 조금 지루하면, 영어 공부를 해 보는 것은 어떨까?

Chapter

03

대학원생의 사생활

대학원 생활의 조각난 시간 관리

대학원 생활의 특징은 시간이 어수선하게 배분된다는 점이다. 필자는 어떤 학기에 월요일 오후에 3시간짜리 수업 하나, 목요일 저녁 6~9시에 3시간짜리 수업 하나, 그리고 금요일 오후에 3시간짜리 수업 하나를 들었다. 이렇게 되면 월요일 오후와 금요일 오후는 사실상 수업 시간에 온전히 시간을 집중해야 하고, 목요일은 하루 종일 어딘가에서 시간을 보내다가 6시 수업에 들어가야 한다. 그중 하루 정도는 학과 행사가 있었다. 이때 유명 학자들이 와서 강연을 하기도 했고, 또 석박사 학위논문 발표가 이루어지기도 했다.

이런 생활을 하면 '공부할 시간'이 듬성듬성 남는다. 필자가 하나 지키려고 노력했던 것은 최소 오전 9시 전까지는 대학원 연구실에 들어와서 공부를 하자는 것이었다. 대학원 연구실은 새벽부터 개방하기 때문에 눈만 뜨면 바로 와서 일과를 시작했다. 오후에 수업이 있을 때는 오전에 수업 준비를 하곤 했다. 해당 수업에서 발제라도 하나 맡았다면, 그날 오전까지 발제 작업을 마무리해야 한다. 월요일 수업이면 그 전날인 일요일까지 발제를 끝내고 월요일 아침에는 교정 정도만 보고, 다른 사람의 논문을 훑어 보는 정성을 들여야 하지만, 그렇지 못한 경우도 많았다.

이런 일정이 은근히 바쁘기 때문에 시간이 잘 간다. 지리학과라는 특수성 때문에 학기 중간에는 답사도 한 번 가야 한다. 그러다 보면 어느 순간 기말고사라고 할 수 있는 텀 페이퍼를 써서 내야 한다.[10] 수업을 세 개 들었다면, 10페이지 넘는 페이퍼 3개를 써야 하기 때문에 텀 페이퍼 시즌에는 대학원실에 불이 꺼지지 않는다.

석사 과정을 놓고 보면, 2년이라는 비교적 짧은 시간 동안 주제 선정, 이론 공부, 조사, 논문 쓰기, 심사까지 모든 과업을 완수해야 하기 때문에 정말 쉽지 않은 일정이다. 정성적 방법으로 연구하는 사람은 긴 시간 자료 조사를 하거나 인터뷰를 하는 등의 노력이 필요하고, 정량적 방법으로 논문을 쓸 경우 통계 방법론에 대해서 따로 공부해야 한다. 설상가상으로, 이 책의 조언에 따르자면 틈틈이 영어 공부까지 해야 한다. 사실 이런 복잡한 일정에 그때그때 따라가다 보면 여러분은 어느 순간 졸업을 해야 하는 시즌을 맞을 것이다. 이 복잡한 일정 안에서 논문도 잘 쓰고, 발표도 잘 하고, 영어 공부도 하고, 유학 준비까지 하면 가장 좋겠지만, 사람의 에너지는 한계가 있다. 논문에 올인하면 영어 공부나 유학 준비를 뒷전으로 미뤄 놓을 수밖에 없고, 유학 준비에 올인하면 논문이 소홀해질 수 있다. 그래서 시간 배분과 자투리 시간의 활용이 중요하다.

이렇게 쓰고 보면 대학원 생활이 정신없이 바쁘기만 할 것 같지만, 한가할 때는 한가하다. 누구 하나 여러분에게 "학회 발표를 하지 않으면 안 됩니다. 꼭 하세요!"라고 강요하는 사람이 없다. "다음 학기 논문을 준비해야 하니 미리 논문 발표 일정 등을 챙겨 두세요."라고 말하는 사람도 없다. 스스로 해야 한다. 스스로 하기 위해서는 항상 긴 흐름으로 일정을 챙기는 눈이 있어야 한다. 그러려면 방학 기간, 혹은 입학 전에 학사 일정을 먼저 챙겨볼 필요가 있다. 이것 역시 본인이 나서서 알아보지 않으면, 아무도 당신을 대신해 정리해서 알려 주지 않는다.

대학원 시절, 낮에는 비교적 이런저런 일이 많아서 주로 밤 시간을 활용하는 대학원생이 많았다. 대학원실은 거의 12시까지 항상 불이 켜져 있었다. 거의 한두 명은 대학원실에서 밤을 세운다. 필자 역시 대학원 연구실 의자에서 쪽잠을 자면서 공부하는 경우가 많았다. 대학원 공부라는 것이 진득하게 몇 시간을 붙잡고 해야 하는 일이 많아서 짬짬이 시간을 내서 공부하는 것으로는 커리큘럼을 완전하게 소화하기가 불가능하다. 통계 실습 숙제를 한다고 하면, 익숙하지 않은 툴과 공식을 이용해서 결과물을 내야 하기 때문에 하루 종일 한 문제를 잡고 끙끙 앓으면서 풀어야 할 수도 있다.

개인 성향 차도 크다. 어떤 학생은 진짜 며칠은 밤을 꼴딱 새고 며칠은 학교에 전혀 나오지 않는다. 누구는 거의 아침 9시에 나와서 수업만 듣고 돌아간다. 어떤 학생은 거의 집에 가지 않고 대학원 연구실에서 생활한다. 당연히 열정이 많은 학생일 가능성이 높다. 그런 학생들은 학교에서 먹고 자고 거의 생활을 하곤 했다. 오랜 시간 이렇게 생활하다 보면 생활 리듬을 잃을 수 있다.

대학원의 시계는 각자 다르게 돌아가기 때문에 일반적인 조언을 하기 어렵다. 다만, 대학원의 시계에 휘둘리기보다는 자기 시계로 살 필요가 있다. 대학원에서 요구하는 일정대로만 움직이다 보면 정작 자기가 가야 할 목표에서는 멀어질지도 모른다. 대학원 일정을 성실하게 소화하되, 그 밖의 시간은 자신이 잘 통제해야 한다.

틈나는 대로 운동도 하는 것이 좋다. 필자는 대학원 때 헬스와 수영을 했는데(물론 하지 않은 기간도 있었지만), 꾸준히 공부하는데 큰 도움이 되었다. 대학원 말년에는 돈도 시간도 부족해서, 시간 날 때마다 학교를 한 바퀴씩 걸어서 돌았다. 학교 외곽을 따라서 돌면 총 4km 정도 되는데 제법 경사도 있어서 운동이 되었다. 걷다 보면 생각도 많이 정리된다. 칸트가 산책을 사랑했던 이유도 걷기가 주는 힘 때문이었다고 한다. 걷기는 대학원생이 값싸게 할 수 있는 좋은 운동이다.

대학원에서 자신만의 리듬을 찾아내자. 밤에 활동하는 것을 좋아하는 사람이라면 밤에 생산성을 올릴 만한 일을 하는 것도 방법이다. 필자의 경우는 아침 9시 이전에 대학원 연구실에 들어온다는 원칙을 깨지 않으려고 노력했는데, 한동안은 그 원칙도 무너진 적이 있었다. 자신만의 리듬이 무엇인지 알면 거기에 맞게 자신의 시간을 활용할 수 있다. 대학원에서 주어진 일정을 최대한 성실하게 수행하는 것이 전제됨은 물론이다.

대학원 동료는 어디에 쓰나요?

대학원에서 만나는 선후배는 지도교수보다 더 오랜 시간을 같이 보내야 하는 사람이다. 여러분에게 미치는 영향은 지도교수가 크지만, 여러분이 많은 시간을 보내야 하는 것은 대학원 선후배이다. 특히 입학한 지 얼마 되지 않는 대학원생이라면 선배와 맺는 관계가 중요할 것이다. 한 가지 다행이자 불행인 점은, 코로나 시국을 거치면서 대학원 선후배의 중요성이 점점 줄어들고 있다는 점이다. 언택트 환경이 생활화되면서 대학원 선후배가 옛날 이야기처럼 아득하게 느껴지는 것도 사실이다.

대학원 선배에게 갑질 당할까 무서워하는 것도 이해가 되지만, 대학원 선배는 의외로 매우 필요한 존재이기도 하다. 여러분이 처음 입학해서 논문을 찾는 것을 어려워할 때, 또는 지도교수가 어떤 스타일의 성과물을 선호하는지 모를 때, 학과 행사에 참가하는 것이 어떤 의미가 있는지 모를 때 대학원 선배는 정보를 갖고 있다. 그래서 현실적으로 대학원 연구실에 들어가면 지도교수보다 대학원 선배에게 많은 것을 물어보게 된다.

석사 과정에 막 입학했다면, 박사 과정 선배들이 조금 어려울 수도 있다. 자기가 가진 지식을 자랑하거나, 원치 않는 조언을 늘어놓는 선배도 있을 수 있다. 처음부터 그런 사람들에게 경계심을 갖고 멀리하기보다 잘 관찰하면서 관계를 설정하기를 권한다. 무례한 요구를 자주하고 지나치게 권위적인 사람이면 거리를 둘 필요가 있다.

공부하면서 반드시 경계해야 할 것이 나르시시스트가 되는 것이다. 내가 하는 공부가 최고다, 당신이 하는 공부는 한물갔다. 이런 식으로 표현하는 사람이 있다면 멀리 하기 바란다. 어차피 나르시시스트들은 당신 말고 다른 사람들도 피하므로 쉽게 식별할 수 있을 것이다.

그렇다면 대학원 생활에서 가까이 지내야 하는 사람은 누구인가? 당연하게도 열심히 사는 사람들이다. 대학원도 하나의 사회이기 때문에 다양한 사람이 있다. 열심히 대학원 생활에 임하는 사람들이 분명히 있다. 어딘가 논문을 발표해 성과를 내기도 하고, 또 수업 시간에 발제도 열심히 할 것이다. 그런 사람들과 어울리고, 친해지면서 대학원 생활의 이런저런 요령을 물어본다. 발제는 어떻게 하는지, 텀 페이퍼 쓸 때는 어떤 글을 참고하는지, 학회에서 발표는 어떻게 하는지 등등. 어느 대학원에도 자기보다 앞서간 사람은 있기 마련이기 때문에 그런 사람과 어울리면 여러분의 대학원 생활도 그만큼 풍요로워질 것이다.

자신의 연구 주제와 맞는 사람과 연구 소모임을 만드는 것도 좋다. 박사 과정 때 루돌프 힐퍼딩의 『금융자본론』을 완독하기 위해서 독서 모임을 만든 적이 있었다. 대학원에서 했던 공부 중, 수업 시간에 했던 공부보다 소모임을 만들어서 했던 공부가 더 기억에 남는다. 내가 필요해서 만들었던 소모임이고, 거기에서 나온 이야기들은 실제로 내 연구에 필요했으며, 소모임에서 했던 이야기를 필요로 하는 사람들만 모였기 때문이다.

소모임 운영 방식은 한 사람당 한 장을 완전히 읽고 요약하는 방식으로 진행했다. 하루에 겨우 2~3장 정도 진행할 수 있었는데, 이렇게 4주를 진행하면 구성원들이 책 한 권 전체를 얼추 이해할 수 있게 된다. 이 시스템은 잘 작동하기만 한다면, 혼자 공부하는 것보다 훨씬 효율적이다. 단, 억지로 온 구성원이 있거나, 구성원이 모임에 제대로 참여하지 않으면 분위기를 흐려 모임이 유지되기 힘들다. 이런 모임은 모임을 주선한 사람의 역할이 매우 중요하다. 각 구성원들이 어떤 생각을 하는지 읽고, 각자의 필요를 적절히 충족시켜 주어야 공부 모임이 성사될 수 있다. 공부 모임은 성사되기 쉽지 않지만, 한 번 성사되면 많은 것을 얻을 수 있다. 그리고 그런 모임을 이끌 수 있는 힘은 바로 학문적 관심사를 공유하면서 친해진 대학원 동료들이었다.

03

학위논문,
쓰고야 만다

Chapter

01

워밍업: 학위논문은
라이선스 취득을 위한 시험

바쁘게 생활하다 정신을 차리면 논문 쓸 걱정을 할 때가 온다. 혹시나 도움이 될까 싶어서 교수님이 추천해준 움베르트 에코의 『논문 잘 쓰는 방법』을 사서 읽어 본다. 도움되는 말들은 많지만, 현재 상황에 곧바로 접목시키기 어려운 내용도 많다. 선배에게도 물어보지만 누구도 시원하게 대답을 해 주지 않는다. 수업 시간에 이렇게 고민하고, 저렇게 논문을 쓰라는 말을 들었지만, 막상 닥치면 논문 주제, 연구 대상, 그리고 방법론까지 어느 하나 확실한 것이 없다. 답답한 마음에 학회에서 주최하는 논문 쓰기 1일 특강도 참석해 보지만, 역시 내 관심사와 딱 맞아떨어지는 이야기는 아니다. 도대체 무엇부터 손을 대야 할까?

먼저 대학원과 학위논문의 관계부터 생각해 보자. 대학원에서 학위논문은 가장 중요한 졸업 요건이다. 여러분은 학문적 꿈을 펼치기 위해서가 아니라 '졸업'을 하기 위해 논문을 쓰고 있다는 사실을 기억하자. 학위논문 작성과 동시에 학자로 대성공을 이룰 수는 없을까? 고등학교 지리 교과서에도 실릴 정도로 유명한 지리학의 대표 이론 중 하나가 '중심지 이론'이다. 크리스탈러는 1932년에 박사논문 '남북 독일의 중심지: 도시기능과 관련된 취락의 분포와 발달에 관한 경제지리학적 연구'에서 이 이론을 발표하고 곧장 학계의 중추로 우뚝 섰다. 그러나 훨씬 더 많은 학자들은 석박사 학위 이후에 많은 연구들을 통해서 자신의 학문적 성취를 학계에 보고하고, 그로 인해 학문적 명성을 얻었다. 학위논문, 여러분이 처음 데뷔하게 될 이 논문은 정식 학술논문이 아니라 대학원을 졸업하기 위한 학위논문이라는 점을 상기할 필요가 있다.

여러분이 써야 하는 논문이 '학위논문'이라는 점을 생각한다면, 단순히 논문을 잘 쓰는 것에만 관심을 가져서는 곤란하다. 내가 언제 졸업을 하고 싶다면, 그전에 연구 계획서 발표, 중간 발표, 심사 등의 일정이 언제 있는지 학사 일정을 체크하고 그때마다 자신이 해야 할 일을 잊지 않고 해야 한다. 논문을 쓰기 위해서는 '논문 자격시험'을 별도로 보는 경우에는 시험 준비도 소홀해서는 안 될 것이다.

여러분이 박사학위를 가진 학자라면, 그다음부터 여러분의 관심사에 맞는 학술지에 투고함으로써 학문적 성취를 알리면 된다.[11] 하지만, 대학원은 아직 정식 학계가 아니고, 면허 시험장 같은 곳이다. 나중에 여러분이 멋진 드라이버가 될 수도 있겠지만, 면허 시험장에서 굳이 멋진 드라이버의 흉내를 낼 필요가 있을까? 여러분이 할 일은 멋을 내는 것이 아니라, 성실하게 면허를 따는 것이다.

심사를 통과해 정식 학위논문으로 인정받기 위해 여러분이 알아야 할 것은 단순히 '글쓰기'에 그치지 않는다. 학위논문 쓰기는 '글쓰기'보다는 '일'에 더 가깝다. 어떻게 연구 계획을 짤 것이며, 논문 발표는 어떻게 할 것인가? 심사장에서 어떻게 대응해야 하며, 어떤 말을 조심해야 하는가? 심사자들에게 지적을 받았을 때 심사 내용의 지적과 보완은 어떻게 할 것인가? 이와 같은 모든 것들이 학위논문 쓰기의 과정에 포함된다. 필자가 접한 논문 글쓰기 책들은 이러한 절차에 대해서 비중 있게 다루지 않았던 것 같다. 그래서 이 책은 '글쓰기'를 포함하여 '라이선스 취득 과정으로서 학위논문'이라는 관점에서 학위논문 쓰기의 과정을 설명하고자 한다.

논문: 학위논문과 학술논문의 차이점

학위논문 쓰는 방법을 알아보기에 앞서, 논문이란 무엇이고 또 학위논문과 학술논문이 어떻게 다른지 간략히 짚어 보자. 인터넷에서 간략하게 '학위논문과 학술논문의 차이'라고 검색하면, 많은 웹사이트와 블로그가 검색된다. 학위논문은 졸업만을 위해서 필요하고, 학술논문은 학술지에 내는 논문이라는 식의 기계적인 설명도 있다. 심지어 학위논문은 길고, 학술논문은 상대적으로 짧다는 식의 비교 분석도 있다. 이와 같은 설명도 의미가 없는 것은 아니지만, 논문과 학위논문, 그리고 학술논문을 필자가 이해하는 방식대로 설명해보고자 한다.[12]

먼저, 논문이란 연구를 통해 발견한 자신의 학문적 주장을 논리적으로 설명한 글을 의미한다. 논문의 궁극적인 목적은 지식을 생산하거나, 기존의 학문적 주장을 강화시키는 데 있다. 신문 사설이나 칼럼 역시 자신의 주장을 펼쳐 놓은 글이지만, 논문은 연구 자료(data)를 바탕으로 연구방법(method)를 활용하여 연구한 내용을 바탕으로 주장해야 한다. 논문의 결과물은 일반 대중이 아니라 학계에 보고된다. 예를 들어, 아인슈타인은 스위스 특허청 심사관으로 일하면서 독일의 『물리학 연보』 등 수많은 학술지에 논문을 발표했다. 그러한 논문들이 누적되었고, 추후 그는 상대성 이론이 아닌 1922년 광전 효과에 관한 논문으로 노벨상을 수상하였다.[13] 물리학 이론에 대한 진지한 주장이 신문이나 잡지에 실려도 읽을 수 있는 사람은 거의 없을 것이다. 이 논문은 물리학에 대해서 전문 지식을 가진 특정한 사람들이 읽고 검증하며 그 가치를 인정하게 된다. 이러한 공간을 통칭해 학계라고 부른다.

논문의 종류는 다양하다. 논문은 페이퍼(paper), 연구 논문(research paper), 에세이(essay), 소논문(article), 리뷰 논문(review), 학위논문(dissertation, thesis) 등 다양하게 표현된다. 페이퍼는 대학에서 학생에게 과제 수준으로 내주는 보고 논문을 지칭하지만, 논문 전반을 의미하기도 한다. 주로 우리가 말하는 논문은 리서치페이퍼, 즉 연구 논문을 지칭하는 경우가 많다. 깊이 있는 내용을 담은 진지한 수필을 에세이라고 하는데, 에세이도 논문의 일종이다. 학술논문은 학술지(journal)의 소논문(article)을 의미한다. 리뷰 논문은 정식으로 학자가 새로운 것을 연구했다고 하기보다는 기존 문헌을 정리해서 시사점을 정리한 글을 의미한다. 학위논문은 영어로 dissertation이나 thesis라고 하는데, 말 그대로 대학원에서 학위를 취득하기 위한 일종의 통과 과정 중 하나이다.

조금 더 명료하게 정리하자면, 학위논문이 대학원 졸업을 위한 요건이라면, 학술논문은 학계에 자신의 연구 성과를 보고하기 위한 것이다. 추후 대학원생이 학자가 되면 학술지 논문의 형식으로 글을 씀으로써 자신의 연구를 해야 하기 때문에 학위 과정은 이것을 연습하는 교육 과정이기도 하다. 그래서 "학위 과정은 연습일 뿐이다."라고 말하는 사람도 있지만, 학위논문을 그렇게 가볍게 여겨서는 곤란하다. 정식 출판물로 간주되지는 않지만, 학위논문 역시 많은 사람들의 노고가 들어간 저작임에 틀림없다.

마지막으로 한 가지 짚고 넘어가고 싶은 문제가 있다. 바로 중복 게재 논란이다. 박사학위논문을 학술지에 기고하면 중복 게재일까? 학계 경험이 없는 사람은 한 번 제출한 글을 학술지에 또 게재했으므로 이중 게재라고 여기기 쉽다. 그러나 학위논문은 정식 출판(publish)이 아니기 때문에 중복 게재라고 보기 어렵다. 오히려 일부 학교의 경우 학위논문을 작성한 뒤 학술지나 단행본 등의 형태로 공표하도록 의무화하고 있다. 학위논문을 그대로, 혹은 수정하여 공표하는 것은 중복 게재가 아니라 의무에 더 가깝다.

다음 규정을 한 번 살펴보는 것이 이 사안을 이해하는 데 도움이 될 것이다. 인용된 규정에서 볼 수 있듯이, 학위논문의 내용은 학술지나 단행본 등의 내용으로 발간하는 것을 의무화하고 있다. 이 규정은 학위논문은 정식 출판물이 아니므로 생산한 지식을 학회나 단행본으로 출판하여 사회에 알리라는 취지로 해석된다. 그러므로 박사학위논문을 학술논문으로 게재한 것은 '중복 게재' 혹은 '자기 표절'이라고 비난하기는 어렵다.[14]

※ 참고: 학위논문의 공표(학위수여규정 제27조, 서울대학교)

박사학위를 받은 자는 학위 수여일로부터 1년 이내에 그 논문을 공표하여야 하며, 그 공표 실적을 소속 학과에 꼭 통보하여 주시기 바람. 다만, 그 학위논문이 이미 공표되었거나 총장이 공표함이 적당하지 않다고 인정할 때에는 예외로 함.

※ 공표 방법: 단행본 발간, 학회지, 정기 간행물, 국제 학술지 게재, 학술 세미나, 기타 방법으로 공표

학위논문 지침은 논문 쓰기 설명서

대학원 과정은 대학원생을 괴롭히기 위해서가 아니라 대학원생을 졸업시키기 위해서 존재한다. 대학원 과정이란 조금 느슨해 보이기는 하지만, 졸업 여건을 갖추면 누구나 졸업할 수 있도록 설계된 프로그램이다. 대학원을 졸업하려면 몇 학점 이상의 강의를 수강해야 하고, 학위논문을 제출해야 한다. 학위논문은 몇 명의 심사 위원에게 몇 차례에 거쳐서 심사를 받아야 하며, 논문이 완성되면 도서관에 제출해야 한다. 등등.

대부분 대학에서는 학위논문을 발표하고 일정 기간 안에 이 결과를 저서, 논문 등으로 발표하라는 규정을 두고 있다. 대학원에 다닐 때는 이러한 규정들을 귀찮은 절차로만 여겼지만, 돌이켜보니 이 절차들은 대학원생을 일정한 수준에 올려놓아 배출하겠다는 학교의 의지가 반영

되어 만들어진 프로그램이었다. 예를 들어, 서울대학교의 경우 학위
논문 작성 지침을 아래와 같이 공개하고 있다.[15]

_ 학위논문 작성 지침 _

이와 같은 학위논문 작성 지침을 사전에 읽어 보는 것은 매우 중요하
다. 예를 들어 이 학교의 지침에는 '국문 또는 외국어'로 작성할 수 있도
록 되어 있다. 외국 학생의 경우 영어로 논문을 작성해도 한국어와 똑
같이 학위논문으로 인정된다. 뿐만 아니라, 이 글은 학위논문의 목차
가 대략 어떻게 구성되어야 하는지, 인용은 어떻게 해야 하는지, 심지
어 글씨체는 무엇이어야 하는지도 규정하고 있다. 심지어 본문에 서
론, 연구 재료와 방법, 연구 결과, 고찰, 결론의 순으로 작성하라는 예
시까지도 제시한다.

학위논문의 각 챕터가 어떤 역할을 하는지, 또 무슨 내용을 써야 하는지 구체적으로 알려 주고 있는데, 이와 같은 지침과 가이드를 사전에 읽어 보면 각 단계에서 길을 잃지 않을 수 있다. 이 내용은 여러분이 "이러이러한 양식으로 논문을 써 오면 졸업을 시켜 주겠다."는 설명서와 같다. 예를 들어 위 지침에서 '서론'은 다음과 같이 설명하고 있다.

> "서론 (Introduction): 서론은 학위논문의 도입부로서, 연구의 목적을 합리적으로 설득력 있게 서술하여 연구 주제에 대한 읽는 이의 관심을 유도할 수 있도록 쓴다. 연구의 목표, 즉 본 연구를 통하여 제시하고 풀고자 하는 문제가 무엇인지를 명료하게 서술하는 것이 중요하다. 문헌의 고찰도 그러한 맥락에서 이루어져야 효과적이다. 즉, 본 연구에서 풀고자 하는 문제에 이르게 된 배경으로서 앞선 연구의 결과를 설명한 후, 본 연구의 목적과 필요성을 제시한다." (서울대학교 홈페이지)

이 책에서 써야 할 말이 저기에 다 들어 있다 해도 과언이 아니다. 그러나 위 지침만 있다고 해서 누구나 다 논문을 쓸 수 있다면, 이 책이 세상에 나오지 않았을지도 모른다. 무함마드 알리는 이렇게 말했다. "누구에게나 계획이 있다. 한 대 맞기 전까지는." 실제 논문을 쓰는 과정에서 여러분들은 더 어려운 과정을 겪게 될지도 모른다. 지레 겁먹을 필요는 없다. 한 대 맞았더라도 정신줄을 잘 붙잡고 차근차근 절차를 밟으면 여러분도 논문을 완성할 수 있다.

학위논문을 쓸 때 학사 일정을 미루지 않을 것을 권한다. 예를 들어, 이번 학기에 연구 계획서를 발표해야 하고 4월 9일 연구 계획서를 발표할 일정이 잡혔다. 그런데 4월 5일까지 이 대학원생은 아무것도 해놓지 않았다. 대학원생은 연구 계획서 발표 일정을 조금 미루는 것이 가능한지 알아본다. 물론 불가능하다. 대학원생은 다음 학기에 발표할까, 하는 유혹에 빠진다. 이때 이 학생은 어떻게 해야 할까?

어느 직종의 종사자들이나 이런 데드라인의 압박은 공통분모이다. 이때 대학원생이 할 일은 도서관으로 가서 관련 서적을 빌리거나, 온라인 도서관에서 관련 논문을 다운받아 연구 자료를 모으는 일이다. 그리고 빠르게 주제를 선정하여 3일 밤낮 글을 쓴다. 그리고 발표한다. 조금 미숙할 수도 있고, 교수들에게 질책을 받을 수도 있다. 그러나 어떻게 되었든 이 대학원생은 '프로포절' 단계를 넘었으며, 다음 단계로 진입할 티켓을 얻게 된다.

바쁘다는 이유로, 힘들다는 이유로 연구 계획서 발표를 미룬다면 졸업이 늦어지거나 졸업 여부가 불투명해지는 '비극'의 출발점이 된다. 다른 모든 직종처럼, 대학원생은 "일정을 사수한다."는 생각으로 일정을 지켜 내야 한다. 학위논문의 작성 과정은 정신적인 과정이 아니라, 구체적인 트레이닝의 과정이다. 제시간에 맞춰 발표를 해낼 수 있는 능력을 갖추는 것은 어디를 가든 중요한 덕목이다.

연구 계획서의 발표보다 더 중요한 것은 원고의 제출 날짜를 지키는 일이다. 사람들 앞에서 하는 발표는 잘하든 못하든 때가 되면 하게 되어 있다. 그러나 원고만큼은 조금 더 늦게 내고 싶은 유혹이 찾아온다. 조금 더 늦게 내면, 본인도 조금 더 많은 내용을 쓸 수 있을 것 같고, 심사자에게 검토할 시간도 줄인다는 정말 황당한 논리를 머릿속으로 만들어 내기도 한다. 이 두 가지는 완벽하게 틀린 생각이다.

첫째, 지금까지 시간이 없어서 이 정도밖에 쓰지 못한 것이 아니다. 시간은 항상 충분했다. 잠잘 시간, 대중교통에서 이동하는 시간, 모임에 참석해서 술 마실 시간 등등, 사실은 본인이 모두 조절할 수 있던 시간이었다. 원고 제출 기한까지 어느 수준까지밖에 올라오지 못했다면, 그 이후 기한을 하루 이틀 미뤄도 더 대단한 것을 써낼 수 없다는 것이 학계의 정설(?)이다. 만약 자기에게 철저한 사람이라면 제출 날짜가 다가오기 전 며칠은 밤을 새우더라도 원고를 다 써서 냈을 것이다.

둘째, 심사자에게 검토할 시간을 줄인다는 황당한 논리는 말 그대로 황당하다. 먼저 심사자는 프로다. 그들에게 절대 시간은 중요치 않다. 그들에게 30분의 시간만 주더라도 당신의 논문의 구조, 특성, 잘못된 점, 평가할 부분 등을 모두 파악해서 당신을 심사장에서 곤란하게 만들 준비를 완벽하게 마칠 수 있을 것이다. 심사자는 프로이기 때문에 아무리 시간이 적어도 그것 때문에 심사를 소홀하게 하지 않는다. 원고를 늦게 줌으로써 학생은 심사자의 시간을 빼앗는 대신, 자신에 대한 신뢰를 갉아먹는다. 원고가 늦게 제출되면 심사자에게 "게으르고 무능하다."는 인상을 줄 지도 모른다.

모든 차원에서 "제때 원고를 준다."는 생각으로 준비하는 것이 좋다. 사실 원고 제출이 늦어지는 이유는 지적으로 무능하거나 게을러서가 아닐 가능성도 크다. 많은 대학원생의 원고 제출이 늦어지는 이유를 관찰해 보면, 오히려 잘해 보겠다는 완벽주의 때문인 경우도 많다. '조금 더 하면 잘할 수 있을 텐데….'라고 생각하면서 원고를 손에서 놓지 못하는 것이다. 실제 성취가 높은 쪽은, 완벽주의를 가진 사람보다 매일매일 주어진 시간에 부지런하게 손을 움직이는 사람이다. 좀 더 완벽하려고 노력하는 것은 너무나도 권장할 일이다. 하지만 완벽해지려고 매번 데드라인을 놓치고 있다면, 본인에게도 뭔가 문제가 있다는 점을 인지할 필요가 있다.

실무적인 차원에서 이야기하자면, 학위논문은 졸업을 위한 것이고, 학위논문의 스케줄을 부지런하게 따라가면 여러분은 제한된 시간 안에 졸업할 수 있다. 너무 단순한 원리이기 때문에 이렇게 쓰는 것이 시간 낭비가 아닌가 하는 생각이 든다. 그러나 이 조언은 매우 중요하다. 대학원생은 끊임없이 자기가 자신을 관리해야 하는 위치에 있기 때문이다. 특히 직장 생활을 하면서 대학원 생활을 하는 분들도 많은데, 이런 분들은 대부분 수업 시간은 무리 없이 채우지만, 막상 논문 집필에 들어가면 1년이고 2년이고 늘어지는 경우가 많다. 물론 한국에서 직장 생활을 한다는 것은 보통 일이 아니라, 시간이 없어 논문을 쓰지 못하는 것도 이해는 된다. 직장에서는 상사의 압박과 생계의 스트레스 때문에 자기 자신을 반강제로 관리하게 되지만, 대학원생으로서 나를 관리하는 것은 온전히 나의 몫이다.

학과에 따라서는 지도교수가 그런 역할을 해 주는 경우도 있다. 매주 논문 진척 사항을 보고하게 하고, 자주 모임을 가지며 대학생들에게 당근과 채찍을 주는 훌륭한 교수들도 계실 것이다. 그러나 안타깝게도

교수들은 사회적으로 여러 책무를 지고 있는 경우가 많아 대부분 바쁘다. 어쩔 수 없는 현실이지만, 대학원생에게 관심을 쏟고 제대로 논문 쓰고 졸업할 수 있도록 관리해 주는 것 역시 고단한 업무 중 하나일 뿐이다. 그리고 종국에 논문을 쓰지 못한다면 지도교수로서도 어느 정도 책임은 있겠지만, 가장 큰 피해를 입는 것은 학생 자신이다. 지도교수만 믿지 말고 자율적으로 움직일 필요가 있다.

Chapter
02

본 게임: 학위논문 작성하기

이 책에서 논문 쓰기는 하나의 '과정'임을 전제로 한다. 논문을 발표하기 최소한 1학기 전에는 주제가 선정되어 있어야 한다. 주제 잡기부터 최종 제출까지는 최소 1년이 넘는 긴 여정이다. 학위논문을 작성하고 나서는 제출과 심사, 심사 후 과정도 반드시 염두에 두어야 한다.

【논문 쓰기 과정】
① 연구 주제 정하기, 키워드로 연구 질문 만들기
② 기획: 연구방법 정하기와 목차 구성하기
③ 자료의 수집, 처리, 분석
④ 집필
⑤ 퇴고
⑥ 제출
⑦ 심사
⑧ 수정
⑨ 최종 제출

◎ 연구 주제 정하기

논문을 쓰려면 우선 논문의 소재 즉, '어떤 대상을 연구할지' 정해야 한다. 무엇인가 시작하는 것은 분명 어렵지만, 신나고 흥분되는 일이기도 하다. 논문 소재를 찾고자 하는 마음으로 세상을 보면 온 세상이 다 논문 소재, 연구 대상으로 보인다. 뉴스를 보면 매일 새로운 일이 일어난다. 이 글을 쓰고 있는 순간에도 우크라이나에서는 전쟁이 계속되고 있고, 물가는 무섭게 오르고 있으며, '거래 절벽'이라고 할 만큼 주택 시장에서 매매가 얼어붙었다. 사회과학을 전공하고 있다면, 이 모든 것을 논문 소재로 쓸 수 있다. '우크라이나 전쟁 중 푸틴의 발언에 대한 비교언어학적 분석' 혹은 '금리 인상이 서울시 아파트 가격과 거래 건수에 미치는 영향' 등의 논문을 구상할 수 있지 않을까? 아파트 가격의 추이를 장기간 추적한 통계가 있다면, 이것도 연구 소재가 될 수 있다. 탈북자의 남한 사회 정착 과정에 대한 자료, 노숙자의 사회적 현상에 대한 자료, 게이 클럽의 분포에 대한 자료 역시 훌륭한 논문의 소재이다.

논문 소재를 잡았으면, 그 속에서 연구 주제를 발견할 수 있다. 연구 주제는 '연구 대상을 통해서 밝히고 싶은 내용'이다. '주택의 매매 및 전세 가격의 확산 효과에 대한 분석'이라는 논문에서는 1986년 1월~2016년 2월의 6대 광역시 아파트의 매매 및 전세 가격을 분석했다.[16] 그리고 저자들은 강남 지역에서 아파트 가격이 상승하면 다른 지역의 아파트 가격이 따라서 오른다고 주장했다. 흔히 말하는 '강남 효과'가 있음을 실증한 것이다. 이 논문의 연구 대상은 '아파트 가격', 연구 주제는 '강남 아파트 가격이 다른 지역의 아파트 가격 상승을 이끈다.'는 것이다.

연구 주제를 정하려면 많은 문헌을 읽어야 한다. 그리고 본인이 공감하는 이론, 가설, 법칙 등을 찾아야 한다. 본인이 공감하기 어려운 이론, 가설, 법칙을 찾아보는 것도 좋다. 어떤 가설에 대한 반론을 잘 제시하는 것도 훌륭한 논문이 될 수 있다. 예를 들어 '깨진 유리창(broken windows)'이라는 유명한 가설이 있다. 이 이론은 깨진 유리창을 방치하면 그 지역에 범죄가 더 생겨난다는 이론이다.[17] 깨진 유리창은 일종의 은유로서 그 지역의 범죄를 방치한다는 신호이며, 이 신호가 범죄를 확산시키는데 기여한다는 것이다. 거리의 노숙인, 술 취해서 걷는 사람, 공공 기물 파손 행위 등 (경미한) 위법 행위를 하는 사람들 역시 '깨진 유리창'으로 간주되었다.

실제 뉴욕에서는 깨진 유리창을 관리하기 위해 길거리 여기저기에 낙서처럼 그린 그라피티를 지우고 시 행정 차원에서 시민들의 길거리 이상 행동을 통제하는 등 적극적 개입을 한 결과 범죄율이 감소했다는 보고가 있다.[18] 그런데, 과연 그럴까? 여기에 대해 반론도 만만찮다.[19] 이 이론에 관심이 있다면, "도시 환경을 정비하면 범죄율이 감소하는 등 지역 주민의 삶의 질이 근본적으로 향상될 수 있을까?" 혹은 "범죄 예방 활동은 어디까지 용인될 수 있을까?" 같은 문제 제기를 할 수 있으며, 이 같은 문제의식은 논문의 주제로 이어질 수도 있다.[20]

연구 주제 찾기는 까다롭고 손이 많이 가는 작업이다. 문헌을 찾아볼수록 본인이 생각했던 연구 주제가 좋은 주제가 아니라는 생각도 들기도 하고, 이미 다른 사람들이 똑같이 연구해 놓았다는 것을 발견하는 경우도 많다. 같은 주제로 연구하고 싶다면, 기존 논문을 뛰어넘을 무엇인가를 만들어야 한다. 문헌 조사를 충분히 하지 않아 다른 사람이 수행한 연구를 똑같이 수행했다면, 논문 통과가 어려울 것이다. 표절이 아니어도 이미 다른 사람이 한 연구를 똑같이 했으니, 필요 없는 연구를 한 셈이다.

여러 자료를 읽으면서 연구 대상과 연구 주제를 찾을 수 있다. 정부 기관에서는 사회 현상에 대해서 상당히 심도 깊은 연구 보고서를 제공한다. LG경영연구소 등의 홈페이지에 가도 흥미로운 주제를 담은 보고서를 무료로 다운받아 볼 수 있다. '가상화폐' 현상에 대해서 궁금하다면, LG경영연구소 홈페이지에 가서 '가상화폐'라고 검색하면 연구소에서 작성한 각종 자료들을 검색해 찾아보자. 최신 사회 현안에 대한 심도 깊은 분석을 접하며, 이 자료들을 자신의 전공과 연결하여 볼 수 있다. 예를 들어, '포스트 팬데믹 시대의 신세대'라는 제목의 보고서를 읽으면서 지리학과 대학원생이라면 "포스트 팬데믹 시대의 신세대 현상은 수도권과 비수도권에서 어떻게 다르게 나타날까?", 혹은 "소득 수준이 다른 신세대에게 포스트 팬데믹 현상은 어떻게 나타날까?" 이런 식으로 문제의식을 확장할 수 있다.

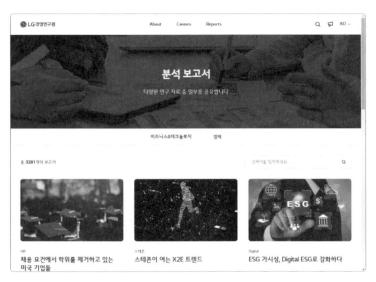

_ LG경영연구소 홈페이지 _

여러분이 다음과 같이 말할 수 있다면 연구 주제가 어느 정도 단단해졌다고 볼 수 있다. "사람들이 강남의 아파트 가격이 상승하면 다른 지역도 상승한다고 하는데, 나는 강남의 아파트 가격 확산 효과가 실제 있는지 확인하고 싶다. 기존 연구들은 5년 정도 자료를 구축했는데 나는 20년 이상 자료를 구축해서 볼 생각이다." 혹은, "뉴욕에서는 '깨진 유리창' 이론이 범죄율 감소에 기여했다고 알려졌는데, 다른 도시에서 이와 비슷한 사례가 있는지 찾아보고 뉴욕의 사례와 비교해 보고 싶다." 등의 문제의식은 연구 주제로 이어질 수 있다.

가끔 "어떤 연구 주제가 좋은 주제냐?"라는 질문을 받을 때가 있다. 교과서적으로 말하자면, 참신하고, 학계에 기여할 수 있는 것이 좋은 연구 주제이다. 하지만, 진부한 연구 주제라도 학문적 가치가 없는 것은 아니다. 다만, 연구 주제를 생각할 때, 그 목적과 방향성이 자신의 가치관과 맞는지 생각해 볼 필요가 있다. 본인이 사회적 가치를 실현하는 것을 선호한다면, 거기에 맞는 연구 주제 예를 들어, 빈곤이나 사회적 양극화, 혹은 형평성에 천착하기를 권장한다. 연구원 취업을 목표로 한다면, 자신이 가고 싶은 연구소가 관심을 가질 법한 연구 주제를 선정하는 것이 전략적 선택이 될 수 있다.

◎ 키워드로 연구 질문 만들기

연구 질문(research question, RQ)이란 자신이 밝히고 싶은 특정한 질문 혹은 명제이다. 연구 질문은 '예' 아니면 '아니오'라는 답이 나올 수 있을 정도로 구체적 질문이 되어야 하며, 학문적 개념, 즉 키워드로 이루어져야 한다. "사람들은 왜 가난할까?"와 같은 포괄적인 질문은 정제된 연구 질문이라고 보기 어렵다. "팬데믹 시기의 경제적 양극화는 왜 더욱 심화되는가?"라는 질문은 연구 질문에 조금 더 가깝다고 할 수 있다. 그러나 이 역시 연구 질문이라고 하기에는 고민이 덜 된 설익은 질문이다.

연구 질문을 만들기 위해서는 먼저 자신이 어떤 개념을 사용할 것인지 정해야 한다. 여러분이 사회학과라면, '불평등', '아노미', '갈등', '사회계약', '사회 구성체', '문화 자본' 등의 개념과 친숙할 것이다. 상담심리학과라면, '자아 존중감', '자기 효능감', '정서', '회복 탄력성', '마음챙김(mindfulness)'과 같은 개념에 익숙할 것이다. 꼭 자기 학문에 있는 개념만 탐구할 필요는 없다. 다른 학문 분야의 개념도 얼마든지 탐구 대상이 될 수 있다. 예를 들어, '지리교육'과 '마음챙김'은 서로 다른 영역처럼 보인다. 하지만 '마음챙김 학습을 통한 지역에 대한 균형 잡힌 태도 함양에 관한 연구'라는 지리교육 박사논문도 있다.[21] 인류학과에서 '투자' '개인투자자'라는 키워드를 차용하여 흥미로운 논문을 낸 경우도 있다. '개인투자자는 왜 실패에도 불구하고 계속 투자를 하는가?'라는 논문은 경제, 경영의 키워드가 인류학적으로 조명된 좋은 사례라고 할 수 있다.[22]

학술지 논문은 국문 초록과 영문 초록, 그리고 키워드를 적도록 규정되어 있다. 논문을 짧은 글로 요약하면 초록(abstract)이 되고, 몇 개의 단어로 요약하면 키워드이다. 키워드만 보아도 논문의 내용을 파악할 수 있다. 키워드는 논문의 핵심 개념이자, 씨앗이다.

필자의 박사논문 키워드는 '금융지리학', '민간투자사업', '투자 전환 이론(capital switch theory)'이라는 세 가지 개념이었다. 투자 전환 이론은 이윤율 저하로 인한 위기 상황에서 자본주의 시스템은 투자 자산을 전환하여 위기를 극복하려고 한다는 이론으로, 급진지리학의 거장 데이비드 하비의 『자본의 한계』에 잘 나타나 있다. 박사 과정을 밟던 필자에게 이 이론은 큰 울림을 주었다. 사회과학 이론이 세상을 해석하는 방식에 매혹되었고, 그 단단하고 아름다운 이론을 바탕으로 무엇인가를 증명해 내는 것은 길고 고된 작업임에도 불구하고 즐거웠다. 단단한 틀 위에 세운 논문이기에 상도 받을 수 있었으리라. "더 잘 쓸 수는 없었을까?" 하는 아쉬움이 남아 있지만, 지금도 그 이론을 생각하면 설렌다.

자신이 가장 좋아하고 잘 쓸 수 있을 만한, 그리고 오래 곱씹어도 지겹지 않을 만한 깊이가 있는 개념을 키워드로 잡으면 좋을 것이다. 지금이라도 전공 교과서를 보면 여러 개념들이 자신을 키워드로 삼아 달라고 여러분을 기다리고 있다. 지리학의 경우, '세계화', '지방화', '장소감', '장소 마케팅', '위치성', '사이공간', '경관', '인접성', '군집', '분포' 등의 키워드를 자주 접한다. 실제로 이 개념들은 논문을 쓰기 위한 훌륭한 씨앗이 되어 준다. 예를 들어 '군집'에 '비만'이라는 키워드를 연결시키면 '비만의 공간적 군집'이라는 느슨한 연구 주제가 나온다. 혹은 '기업의 공간적 군집', '인구의 공간적 군집', '외국인의 공간적 군집' 등의 연구 주제도 생각해 볼 수 있다. 여기에 시간 개념을 약간 추가하면 어떨까? '시대에 따른 비만의 공간적 군집의 변화 과정 분석'이라는 주제도 훌륭한 연구 주제로 발전할 가능성이 있다.[23] 이처럼 키워드를 결합시키고, 다른 각도로 바라봄으로써 훌륭한 연구 질문을 만들어 낼 수 있다.

중요한 것은 자신이 천착할 개념이 있는지 여부이다. 금융지리학을 연구한다고 생각하면, '금융과 도시', '금융과 아파트', '금융과 상가 건물', '금융과 기반 시설' 등의 연구 주제를 떠올릴 수 있다. 필자는 '금융과 기반 시설'을 선택했고, '민간투자사업' 방식으로 설치된 특정한 시설물들이 생산되는 과정을 연구했다. 연구할 개념을 확정하면, 각도를 조금씩 틀어 연구 주제를 무궁무진하게 도출할 수 있다.

그러면 한 논문에 핵심 개념, 키워드는 몇 개나 필요할까? 필자의 경험으로는 키워드는 3개 정도가 적당했다. 3개가 넘어가면 한 논문에서 다 다루지 못할 정도로 내용이 복잡해지기 때문이다. 예를 들어 '운동이 우울감에 미치는 연구'라면, '운동'이라는 개념, '우울감'이라 개념이 키워드가 될 것이다. 그런데 "운동이 우울감에 어떤 영향을 미치는가?"라는 질문보다 "청소년기 운동이 우울감에 어떤 영향을 미치는 가?"라고 했을 때 연구 질문으로서 더욱 가치가 있다. 이 경우 '운동', '우울감'에 더해 '청소년기'라는 개념 역시 키워드가 되고, 청소년기에 대한 정의와 이론을 조사해야 하겠지만 말이다.

"마약 중독자에게 명상 치료가 자기 효능감을[24] 향상시키는데 효과가 있을까?"라는 질문을 한다고 생각해 보자. 여기에 '마약 중독자', '명상 치료', '자기 효능감'이라는 3가지 키워드가 등장한다. 이 질문을 연구 주제로 바꾼다면, '마약 중독자의 명상 치료가 자기 효능감에 미치는 영향'이 될 것이다. 연구 대상 역시 다양하게 설정할 수 있다. 성별로 연구 대상을 특정할 수도 있고, '노령 인구'로 세대를 특정하는 것도 흥미로운 시도일 수 있다. 주제가 설정되었다면 "마약 중독자에게 명상 훈련을 실시하면 자기 효능감 향상에 유의미한 영향을 미칠 수 있을까?"라는 연구 질문으로 발전시킬 수 있다. 이는 실제로 마약류 중독자를 대상으로 마음챙김 기반 인지 치료를 하며 '자기 효능감'을 기대 지표로 설정한 연구의 질문으로,[25] 치료 집단이 통제 집단보다 우울 수준과 통제력 수준이 유의하게 감소하였고, 자기 효능감도 높아졌다고 보고하였다.[26]

연구 질문을 무엇으로 할지 모르겠다면, 나 자신에게 다음과 같이 물어보자. 수업을 들으면서 나를 가장 설레게 하는 개념은 무엇이었나? 사람들이 가장 궁금하게 여기면서도 잘 알지 못하는 개념이 무엇일까? 내가 오랫동안 생각해도 지겹지 않을 만한 개념이 무엇일까? 필자의 경우 그 키워드는 '금융'이었고, 직장 생활을 하고 있는 지금도 '금융'이라는 말을 들으면 설렌다.

여러분을 설레게 하는 개념은 무엇이었는지 자신에게 되물어 보자. 찬찬히 생각을 하고 기다리면 대답을 들을 수 있다. 그런 개념을 찾았다면, 선행 연구를 조사해 보고, 이 연구를 할 수 있을지 알아보자. 의외로 적절한 자료를 구할 수 없어서 연구를 못하는 경우도 많다. 또 세상에 자기와 같은 생각을 한 사람이 많다는 사실을 알게 될 것이다. 하지만, 자신이 하려고 했던 연구와 같은 연구가 있다고 해서 기죽을 필요는 없다. 그 연구가 하지 못했던 것을 찾아서 하면 된다. 선행 연구에 돌멩이를 하나 더 얹는다고 생각하고 연구 질문을 만들어 보자. 이 부분에 대해서는 다음 절에서 더 자세히 다루겠다.

◎ 관련 문헌을 정리하고 지도교수와 상담하라

논문 시작 단계에서 나의 연구 주제와 관련된 논문과 각종 문헌을 읽는 것은 매우 중요하다. 내 연구가 다른 사람의 연구와 다른 점이 있다는 것을 밝혀야 하기 때문이다. 학문적 연구가 되어 있지 않은 생경한 땅에 느닷없이 깃발을 꽂아도 고생하지만, 비슷비슷한 논문이 넘쳐나는 주제로 논문을 쓰는 것도 권하기 어렵다. 자신의 연구가 기존에 이미 밝혀진 내용을 재탕한다는 인상을 주지 않는 것이 좋다.

> 이 주제와 관련하여 많은 연구들이 있는데 나 자신의 연구는 무엇이 다른가?

이 질문은 하나의 논문이 존재할 본질적인 이유를 묻는다. "이 논문은 다른 수많은 논문이 밝혀낸 것과 다른 무엇을 밝혔는가?"하는 것이다. 물론, '모든' 논문은 이 질문에 대해 답해야 한다. 예를 들어, 강남 부동산 가격의 상승 원인에 대한 연구는 많지만, 구체적으로 '교육 환경이 강남 부동산의 가격 상승에 미치는 영향'을 '검증'한 연구가 필요하다고 생각할 수 있다.[27] 선행 연구를 찾아본다. 상당한 연구가 이미 진행된 것을 발견한다. 기존 연구를 뛰어넘기 위해서 무엇을 해야 하는지 고민이 될 것이다. 본인 연구의 '차별점'이 명확해지면 그것이 논문을 써야 할 이유이다.

여러분은 논문의 핵심 개념 즉 키워드와 주제를 어느 정도 고민한 상태이므로, 그 키워드로 논문을 검색할 수 있다. 인문 계열 특히 사회과학계열의 대학원생이라면, 어떤 개념이 영어로 무엇인지 정확히 알고 있어야 한다. 예를 들어, 사회과학에서 영어 power는 '권력'으로 번역되는 경우가 많다. 권력에 대한 연구를 한다면서, power가 아닌 다른 단어로 검색하는 것은 곤란하다. 깨진 유리창 이론에 관련된 논문을 찾아보자. broken window로 검색하면 상당히 많은 정보를 확인할 수 있다. 아래의 검색 화면을 보면, 인용 횟수가 표시되어 있는데, 인용이 가장 많이 된 자료가 중요한 자료이다.

_ 구글 학술검색 _

검색 화면에서 '인용'을 클릭하면, 아래와 같은 화면이 나온다. 논문 앞의 MLB, APA 등은 서지 사항을 표기하는 방법이다. 같은 논문을 표기 방법에 따라 여러 방법으로 나열한 것이다. (자신이 선택한 서지 사항 표기 방법에 따라) 서지를 복사해 엑셀이나 텍스트 파일로 기록하면, 논문에 곧바로 사용할 수 있는 서지 사항 표기가 된다. 사회과학에서는 대체로 APA(미국 심리학회) 서지 사항 표기법을 따르고 있다. 이렇게 해서 참고 문헌을 '읽고' 모으자. 논문을 다운받은 것과 읽는 것은 전혀 다른 행위이다. 자료를 모은 다음에는 발췌독을 하더라도 읽고 써먹겠다는 정신을 가질 것을 권한다.

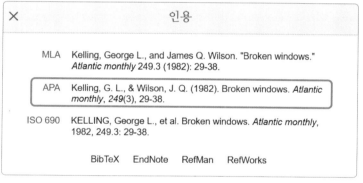

_ 구글 학술검색에서 인용을 클릭한 화면 _

한국어 논문은 한국학술정보에서 운영하는 KISS(https://kiss.kstudy. com/) 사이트나 한국교육학술정보원에서 운영하는 RISS(http:// www.riss.kr/index.do) 사이트에서 비슷한 방식으로 논문을 검색하여 서지 사항을 저장해 놓을 필요가 있다. 앞서 깨진 유리창 이론을 RISS 사이트에서 검색한 결과는 아래와 같다. 특히 학위논문은 대부분 원문

보기 기능을 제공하기 때문에 특별히 로그인을 하지 않아도 원문을 확인할 수 있다. 또한 여러분이 대학교의 전자도서관 기능을 이용한다면, KISS나 RISS 사이트에 있는 논문 대부분을 검색하여 많은 경우 무료로 이용할 수 있으니 마음껏 논문을 찾아서 읽어 보자.

_ RISS 검색 _

아이디어를 구축하는 단계에서 서지 사항을 기록해 놓으면, 두고두고 논문을 쓰기 위한 깨알 같은 자산이 된다. 서지 사항은 엑셀, 텍스트 파일, 엔드노트 같은 프로그램 등 뭐가 되어도 좋으니 자신만의 방법으로 잘 기록해두자. 단, 프로그램에 따라 한국어 논문 서지 정리를 충분히 지원하지 않아, 일일이 따로 정리해야 할 수 있으니 주의해야 한다. 이제 키워드로 연구 질문을 만들어 보자.

❶ 관심있는 키워드를 2~3개로 압축한다.

❷ 키워드별로 국문 논문 10개, 외국 논문 10개를 검색한다.

❸ 각 논문을 주제, 방법론, 기존 논의와 차별성 등을 위주로 읽는다.

❹ 키워드를 확정했는가?

키워드를 설정했다면 ❺로 가라. 키워드를 설정하지 못했다면 다시 시작한다. 새로운 키워드를 2~3개 다시 설정하고 논문을 검색하고 읽으라.

❺ 키워드를 설정했다면, 자기 논문의 차별점을 생각한다.

❻ 다른 사람에게 설명할 수 있을 정도로 자기 논문의 차별점이 구체화되었는가?

'예'라면 ❼로, '아니오'라면 다시 ❺로 돌아간다

❼ 지도교수에게 찾아간다.

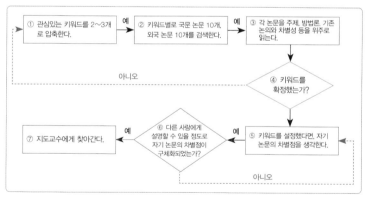

_ 키워드로 연구 질문 만들기 _

이와 같은 과정을 마쳐서 여러분이 그럴듯한 연구 질문을 만들었다면, 축하한다. 당신은 연구 주제를 잡은 것이다. 연구 주제만 명확해도, 그

다음은 좀 수월하다. 이제, 지도교수가 "그렇게 하면 좋겠다."고 연구 주제에 대해 동의해 주는 과정이 필요하다. 연구는 내가 하는데, 뭔 컨펌? 이라고 생각할 수 있다. 하지만, 지도교수가 동의하지 않으면, 그 주제로 연구를 진행하기는 거의 불가능하다.

어떤 교수는 여러분이 가져간 주제를 반겨줄 수도 있지만, 깐깐하게 이것저것 물어보면서 여러분의 고민 수준을 테스트할 수 있다. 키워드를 뽑고 그에 따라 논문을 찾아 읽은 뒤 본인의 연구 주제에 대해 고민한 과정을 지도교수에게 잘 설명하라. 지도교수에게 "예스."를 받아내면, 비로소 여러분은 "나 논문 주제 정했다."라고 말할 수 있다.

기획: 연구방법 정하기와 목차 구성하기

여러분이 연구 주제를 확정하고 2~3개의 키워드로 연구 질문을 만들었다면, 그것을 어떻게 증명할 것인지에 대한 기획이 필요하다. 연구의 기획이란, '연구 질문을 해결하기 위한 구체화된 계획'이다. 건물을 지으려면 설계도가 필요하다. 설계도가 없다면, 건물을 지을 때 시멘트가 대충 몇 포대 필요한지, 철근은 얼마나 필요한지 알 수 없을 것이다. 마찬가지로 연구에서 '기획'이 제대로 되어 있지 않다면, 여러분은 길을 헤맬 수밖에 없다.

연구방법(method)에 따라 기획 단계에서 할 일이 달라진다.[28] 양적 방법을 사용한 연구 즉 양적 연구(quantitative method)는 기획이 '연구 모델 설정'이라고 표현되는 반면, 질적 방법을 사용한 연구 즉 질적 연구(qualitive method)에서는 일괄적으로 "어떻게 기획하라."고 조언하기 쉽지 않다. 다만, 질적 연구는 논문의 목차를 작성하는 과정이 연구 기획에 해당한다고 볼 수 있다. 어떤 연구의 경우, 양적 방법과 질적 방법을 모두 사용하며, 그렇기 때문에 이와 같은 일괄적인 설명이 부족할 수 있다. 특히 박사논문의 경우 3장은 양적 연구, 4장은 질적 연구를 하는 등 거대한 프로젝트를 진행하기도 한다. 이 장의 조언은 어디까지나 일반적인 내용이며, 자세한 내용은 지도교수와 상의하기를 바란다.

◎ **연구방법 정하기: 양적 방법, 질적 방법**

논문에서 '연구방법'은 자신의 주장을 검증하기 위한 방법이다. 논문은 학계에 자신이 새로운 지식을 생산했거나, 기존 학설에 새로운 근거를 발견했다고 보고하기 위해서 쓴다. 연구방법은 그 새로운 지식을 '어떻게' 알아냈는지를 의미한다. 인문학의 경우라면, 고문헌을 조사해서 기존 학계에 알려지지 않았던 새로운 문구를 발견했을 수 있다. 이 경우 연구방법은 고문헌 조사가 될 것이다. 하지만 자연과학이나 사회과학에서 많이 사용되는 방법은 양적 방법 즉, 수치로 이루어진 데이터를 통해 자신의 주장을 증명해 내는 방법이다. 특히 자연과학의 경우, 새로운 실험 없이 기존 연구를 정리하여 리뷰한 리뷰 논문은 정식 연구 성과물로 잘 인정하지 않는 분위기이다. 사회과학의 경우 질적 연구 역시 종종 사용된다.

양적 방법은 정확한 수치 측정을 기반으로 결론을 이끌어낸다. 흔히 대학에 들어가서 '사회과학 방법론' 등의 수업을 들으면서 통계를 접하게 되는데, 이것이 대표적인 양적 방법론이다. '청소년기 학대 경험이 자아 존중감에 미치는 영향'이라는 연구를 진행한다면, 청소년기에 학대당한 경험이 있는 집단과 그런 경험이 없는 집단에게 동일한 검사를 실시했을 때 유의미하게 다른 차이가 나타나는지를 연구할 것이다. 이때 응답자들이 설문지에 기입한 정보는 수치로 정리하여, 상관 분석(correlation analysis), 요인 분석(factor analysis), 회귀 분석(regression)과 같은 통계 기법을 사용해 결론을 도출한다.

질적 방법은 비수치적 자료를 다루는 방법을 통칭하는데, 문헌 조사, 심층 면접, 참여 관찰 등이 대표적이다. 정량화된 자료를 얻기 힘든 인간의 감정, 경험, 그리고 권력의 문제를 다룰 때 활용된다. 참여 관찰은 관찰자가 관찰 대상의 내부에 들어가서 그 구성원의 일원이 되어 공동생활에 참여하면서 관찰 대상을 있는 그대로 관찰하는 방법이다. 문화인류학자인 마가릿 미드가 1920~30년대에 사모아섬, 뉴기니섬 등 당시 서구에 잘 알려지지 않았던 지역에서 현지인과 직접 생활하며 관찰한 방식이 이것이다. 이처럼 질적 연구방법은 기존 연구 결과가 충분히 누적되지 않은 분야에서 유용하며, 양적 데이터가 구축되지 않은 모든 영역은 사실상 질적 연구가 유일한 방법이기도 하다.

두 가지 연구방법은 상호 의존적이다. 양적 연구방법을 사용하는 논문이라고 해도 이론적 고찰을 충분히 깊이 다룬 연구들이 있다. 또한 통계 분석 방법론을 사용하지 않는 논문이라 하더라도 기존 통계 수치 인용이나, 수치 자료를 활용한 연구들이 많다. 두 연구방법 중 '무엇에 더 비중을 두느냐?'에 따라서 양적 연구와 질적 연구를 구분하기도 한다.

연구방법은 말 그대로 '방법'이기 때문에 절대적으로 옳은 방법도, 그른 방법도 있을 수 없다. 목적을 잘 달성하게 해 주는 방법이 좋은 방법이다. 학위논문을 쓸 때, 사회과학의 경우 질적 연구보다는 양적 연구가 선호되기도 한다. 양적 연구의 경우, 수치로 이 연구의 결과값이 유의한지(significant) 여부가 나오기 때문에 논문 심사 방어 때 유리한 측면이 있다. 가설 수립이나 해석이 잘못되었을 수는 있지만, 원데이터를 계산해서 나온 값은 '객관적 수치'라고 인정되기 때문이다. 질적 연구의 경우, 해석의 과정에서 학자에 따라서 주관성이 더 개입될 수 있는 여지가 있다. 그러나 질적 연구가 아니면 밝힐 수 없는 고유 영역이 있기 때문에, 두 연구방법 중 무엇을 더 비중을 둘지는 연구자가 연구 목적을 고려하여 선택할 필요가 있다.

◎ 목차 정하기

"목차만 잡아도 논문을 다 쓴 것이나 다름없다."는 말이 있다. 과장이지만, 일리가 있다. 목차는 기획의 끝판왕이며, 제목과 목차가 나왔다면 그 연구는 상당히 궤도에 올랐다고 말할 수 있다.

목차는 'Ⅰ. 서론, Ⅱ. 이론적 배경, Ⅲ. 연구방법, Ⅳ. 연구 결과, Ⅴ. 토론, Ⅵ. 결론'의 틀이 기본이다. 대학원생이라면, 이 같은 목차 순서는 자다가 물어봐도 대답할 수 있을 정도로 익숙해지게 된다. 하지만, 이 순서를 안다고 해도 막상 자신의 연구에 이 목차를 적용하기는 쉽지 않다. 어찌어찌 목차는 짰다고 해도 이 안에 어떤 내용이 들어갈지 생각해야 한다. 목차를 구성하기 위해서 일반적으로 각 장에 들어가야 할 내용을 간략히 살펴보면 다음과 같다.

I. 서론

서론은 여러분의 연구 질문을 설명하기 위한 공간이다. 어떤 글이든 첫 문장을 쓰는 것은 매우 어렵다. 그럼에도 불구하고 필자는 논문의 서론이 상대적으로 쓰기 쉽다고 생각한다. 논문의 서론은 가야 할 목적지가 명확하기 때문이다. 여러분의 서론은 이 논문의 핵심인 '연구 질문'을 여러분이 어떻게 생각하게 되었는지를 설명하기 위해서 존재한다. "청소년의 운동 활동은 우울감을 치료하는 효과가 있는가?"라는 연구 질문을 설정했다고 가정하면, 앞에서 어떤 내용을 기술하든 결국 목적지는, "그리하여 청소년의 운동 활동이 우울감을 치료하는데 효과가 있는가?"라는 연구 질문을 연구한다는 내용으로 마무리된다. 필자가 본 서론의 대부분은 아래 공식을 크게 벗어나지 않는 것 같다.

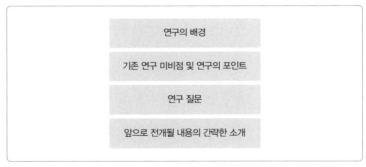

_ 서론의 구조 _

서론에서 여러분은 어떻게 하든 '연구 질문'을 임팩트 있게 설명해야 한다. 그러기 위해서는 여러분이 하고자 하는 연구가 1) 지금 사회적 맥락에서 왜 중요한지, 2) 기존 연구와 내 연구는 어떻게 다른지 설명해야 한다. 예를 들면 연구의 배경에서 여러분은 현재 한국에서 청소년의 우울감에 대한 연구들을 소개한다. 또한 운동 효과에 대한 이야기도 소개한다. 그러면서 청소년의 우울감을 치료하기 위한 여러 방법 중 운동은 많은 사람들이 언급해 왔지만, 어떤 특정한 문제를 해결하지 못한다고 말하게 될 것이다.

이 작업은 결국 자신의 연구 질문으로 이르는 과정이다. 연구 배경을 통해 여러분은 기존 연구의 부족함을 드러내고 자신의 연구가 필요함을 역설해야 한다. 서론의 화룡점정은 '기존 연구 미비점 및 연구의 포인트'이다. 통상, 기존 연구의 미비점 및 연구의 포인트는 대체로 아래와 같은 논리로 전개된다. 서론의 관건은 이 연결 고리를 얼마나 자연스럽게 만들어 내느냐에 달려 있다고 해도 과언이 아니다.

> 기존 연구는 △△△을 주목하지 않았기 때문에 청소년의 우울감을 효과적으로 다루기 위해서는 △△△에 대한 분석이 추가로 필요하다. (그러니 그 분석을 내가 하겠다.)

그리고 나서 이 연구의 내용을 소개한다.

> 이 연구는 청소년의 우울감의 치료와 관련하여 운동의 효과에 주목하였다. 연구질문은 다음과 같다.

서론에서는 자신이 하려고 하는 연구가 무엇인지 핵심을 요약해 두어야 한다. 연구 질문을 던진 후, 향후 전개될 내용을 간략히 소개한다. 2장에서는 무슨 내용을 3장에서는 무슨 내용을 다룬다는 식의 문단이 필요하다. 그러나 '앞으로 전개될 내용의 간략한 소개'는 연구 질문의 소개만큼 중요한 것은 아니므로 약간의 유연성을 발휘할 여지가 있다.

II. 이론적 배경

이론적 배경은 여러분의 연구 앞에 어떤 선행 연구가 있었으며, 어떤 학문적 성취들이 있었는지 소개하는 공간이다. 이론적 배경에는 여러분이 선정한 각각의 연구 핵심 개념에 대한 내용을 다루게 될 것이므로 목차를 기획할 때 상대적으로 쉽다. 앞선 예를 이어간다면, '청소년의 우울감'이라는 키워드로 소제목이 하나 나와야 할 것이고, '운동 효과'에 대한 소제목이 나오는 것도 필요할 것이다. 마지막으로 '청소년의 우울감에 운동이 미치는 영향'이라는 느낌의 종합적인 소제목도 필요할 것이다. 핵심 개념, 키워드에 대한 학문적 배경을 충분히 소개하고, 내 연구의 중요성을 다시 한 번 강조하는 것이 이론적 배경의 역할이다.

참고로, 최근 소논문에서 '이론적 배경'을 별도 한 장으로 할애하지 않는 경향이 있다. 논문을 쓰다 보면 알겠지만, 이론적 배경에 들어가야 하는 내용은 사실 서론에서 간략하게 다루게 된다. 기존 연구의 미비점을 쓰려면 어떤 기존 연구가 있었는지 알아야 하기 때문이다. 그렇기 때문에 이론적 배경을 사실상 서론에서 다 언급하고, 연구 결과와 토론을 담백하게 적는 형태의 논문이 많아지고 있다. 그럼에도 불구하고, 학위논문에서는 이론적 배경이 빠지는 경우는 거의 없다. 이론적 배경은 '선행 연구 고찰', '기존 연구 검토' 등으로 쓰는 경우도 있으므로 참고하자.

III. 연구방법

연구방법에서는 여러분이 진행할 연구에 대해서 자세하게 설명한다. 양적 방법과 질적 방법 어느 쪽을 택했든지 모두에 해당된다. 여러분이 설문지를 이용했다면, 어떤 특성을 가진 집단 몇 명에게 언제부터 언제까지 설문을 진행했는지를 밝힌다. 여러분이 분석하기 위해서 데이터를 어떻게 가공하였으며, 어떤 연구방법을 썼는지도 밝힌다. 연구 결과는 분석의 결과를 제시하고, 연구에서 나온 결과물을 기술한다. 참여 관찰이나 심층 면접을 수행했다면, 여러분이 누구를 대상으로 며칠 동안 어떤 방식으로 인터뷰를 진행하였는지, 혹은 연구를 위해서 어떤 연구 집단과 얼마 동안 어떻게 관찰하였는지를 상세하게 기술한다.

IV. 연구 결과

연구 결과는 말 그대로 연구에서 나온 결과물을 소개하는 공간이다. 여러분이 설문지를 활용한 양적 연구를 수행했다면, 각 모델이 유의하였는지, 어떤 독립변수가 종속변수에 유의미한 영향을 주었는지 설명한다. 그리고 무엇보다 이 연구 결과가 원래 예상했던 연구 질문에 대한 대답이 되고 있는지 설명한다. 예를 들어, "청소년의 운동은 우울감 감소에 유의미하게 영향을 미쳤다."면, 그 연구 결과를 쓰면 된다. 연구 결과와 토론은 사실 불가분의 관계이지만, 경우에 따라 별도의 독립된 장으로 정리하기도 한다.

V. 토론

토론은 여러분의 연구 결과의 의미를 홍보하는 공간이다. 여기에서 서론에서 자신이 제기한 문제의식이 옳았으며, 자신의 연구 결과가 그런 문제의식이 옳았음을 보여 준다는 식의 서술을 하게 될 것이다. 먼저이 연구가 이미 소개한 이론적 배경에서 나온 선행 연구들과 어떤 공통점이 있고, 차이점이 있는지를 기술한다. 대부분은 이런 논리를 취한다.

> 기존 연구는 청소년 우울감과 운동에 대해서 여기까지밖에 밝히지 못했지만, 이 연구는 이러저러한 방법을 써서 이와 같은 점을 찾아냈다.

이때 중요한 것은 본인의 연구가 가진 기여점을 명확하고 솔직하게 적는 것이다. 연구자라면 누구나 자신의 연구가 뭔가 대단한 것을 밝혀낸 것처럼 쓰고 싶은 유혹을 받는다. 그러나 정확히 자신이 기여한 부분이 어디까지이고, 어디까지 밝히고 싶었으나 거기까지 이 연구가 다 밝히지 못했다는 등의 이야기를 구체적으로 하는 것이 좋다.

VI. 결론

거의 대부분 학위논문에서 '결론'은 별도 장으로 구성된다. 사실상 '연구 결과', '토론'에서 말했던 내용을 반복하는데, 결론만 읽어도 전체 내용을 다 읽은 것처럼 느끼게 요약한다. "이 연구는 청소년의 운동이 우울감 감소에 어떤 영향이 있는지 조사하고자 하였고, 다음과 같은 결론을 얻었다." 그리고 앞서 연구 결과와 토론에서 썼던 내용을 일목

요연하게 정리한다. 결론에서는 보통 자신의 연구가 정책에 어떻게 영향을 줄 수 있을지에 대한 시사, 추후 어떤 연구가 더 나와야 한다는 향후 연구를 위한 제언, 그리고 자신의 연구가 가진 연구의 한계 등을 적는다.

각 목차에 들어갈 내용이 무엇인지 간략하게 설명했다. 사실 연구자들에게 이와 같은 목차 내용은 너무나 익숙한 내용이다. 하지만, 대학원을 준비하는, 혹은 대학원에 갓 입학한 사람들에게 필요한 내용이라 생각해 정리했다. 노파심에서 하는 말인데, 여기 있는 샘플 문장은 여러분의 이해를 돕기 위한 문장이니 절대로 그냥 가져다 쓰면 안 된다.

◎ '인과관계'형 연구와 '과정형' 연구

잠깐 '연구란 무엇일까?'라는 근본적 질문으로 되돌아가 보자. 연구는 우리가 모르는 것을 찾아내는 행위이다. 우리는 궁금한 점이 있으면, 그때그때 스마트폰으로 검색을 한다. 미국의 면적이 궁금하다면, 포털에 '미국 면적'이라고 치기만 해도 미국 면적은 물론 러시아 면적, 캐나다 면적, 중국 면적 등 전 세계 국가 면적 순위까지 한 번에 알 수 있다. 그렇다면 이와 같은 질문은 어떨까?

❶ 낙수효과(trickle-down effect: 특정 계층에 대한 지원으로 인하여 국가 전체의 부가 증가하면 자연스럽게 가난한 사람들의 삶도 나아진다는 경제 이론)는 실제 존재하는가?

❷ 이자율이 상승하면 A지역 주민의 가처분 소득에 어떤 영향을 미칠까?

❸ 기후 변화가 한반도의 벼농사의 확산에 어떠한 영향을 미쳤을까?

❹ 인간의 이기적 본성은 기회의 순간에 어떻게 발현되는가?

이와 같은 질문에 대해서 답을 알고 싶다면, 누군가 이 주제에 대해서 오랫동안 천착해서 조사해서 나름의 결론을 제시해야 할 것이다. 그런 행위를 우리는 '연구(research)'라고 부른다. 연구의 본질은 모르는 것을 아는 것으로 바꾸는 행위이다.

그렇다면 연구라는 것을 하기 위해서 아는 것(known)보다 모르는 것(unknown)에 집중할 필요가 있다. 위 질문들을 다음과 같은 도식으로 만들어 보자.

❶ 낙수효과: 국가 전체 부의 확대 ⇨ 가난한 사람의 삶의 질

❷ 이자율 상승 ⇨ (A지역 주민의) 가처분 소득

❸ 기후 변화 ⇨ 한반도 벼농사 확산

❹ ???

❶~❸의 질문은 어떤 원인(국가 전체 부의 확대, 이자율 상승, 기후 변화)이 특정한 결과(가난한 사람의 삶의 질, 가처분 소득, 한반도 벼농사 확산)를 가져오는지 궁금해함을 알 수 있다. 여기서 우리는 '인과관계(causal relationship)'가 궁금한 것이다. 상당히 많은 연구가 이런 구조로 시작된다. 예를 들면 다음과 같다.

● 청소년의 운동 ⇨ 우울감 감소

● 명상 치료 ⇨ 자아 존중감 증대

● 강남 아파트 가격의 상승 ⇨ 다른 대도시 아파트 가격 상승

이와 같이 여러분이 궁금한 연구질문을 '인과관계'로 이해하면 원인과 결과를 설정할 수 있고, 여기에서 원인에 해당하는 '독립변수(independent variable)'와 결과에 해당하는 '종속변수(dependent variable)'를 정할 수 있다. 인과관계에 관한 연구라고 해서 꼭 양적 연구를 해야 하는 것은 아니다. 특정 인물의 증언(testimony)도 훌륭한 인과관계의 증거로 활용될 수 있다. 법정에서 목격자의 진술이 사건의 결정적 단서가 되기도 하는 것처럼 말이다. 이와 같은 형태로 문제의 원인과 결과를 그림으로 그리면 여러분은 무엇을 연구해야 할지 명확하게 이해할 수 있을 것이다.

문제는 ❹와 같은 질문이다. "인간의 이기적 본성은 위기의 순간에 어떻게 발현되는가?" 이것은 인문학적인 질문이고, 답이 없는 질문이기도 하다. 그렇다면, 이 질문은 학문적 질문이 될 수 없는 것인가? 반은 그렇다. 이 질문 자체가 훌륭한 철학적 질문은 될 수 있겠지만, 학위논문의 질문으로는 어딘가 부족하다. 이 질문은 현실에 좀 더 가깝게 만들 필요가 있다. 이걸 조금 어려운 말로 '추상 수준(abstraction level)을 낮춘다.'라고 한다. 추상성(abstraction)의 반대말은 구체성(concreteness)이며, 추상성이 낮을수록 '추상 수준이 낮다.', '구체성이 높다.'고 한다. 그럼 추상 수준을 낮춰 보자.

❺ 1기 신도시의 개발 과정에서 개발 담당 관료들의 이기심은 어떻게 발현되었는가?

❹의 질문과 비교해 보면 ❺의 질문의 추상 수준은 낮아졌다. 구체성을 높인 것이다. 이와 같은 연구 질문에 대한 대답을 하기 위해서 당시 신문 기사, 통계 자료, 그리고 사건 사고 파일 등을 찾아보면 어느 정도

대답을 할 수 있을 것 같다는 생각이 든다. 이와 같은 질문에서 모르는 것은 '인과관계'가 아니라 '과정'이다. 이 질문을 던진 사람은 "1기 신도시 개발 과정에서 관료들의 이기심이 발현되었다."는 것을 이미 알고 있다. 여기서 질문을 던진 사람이 궁금해하는 것은 '어떻게' 그런 이기심이 발현되었는가 하는 것이다.

이런 류의 연구 질문을 '과정형' 연구 질문이라고 할 수 있다. 거칠게 말하자면, '과정형' 연구 질문은 질적 연구의 연구 질문을 만들어 내기 위한 훌륭한 방법이다. 우리는 많은 일의 인과관계를 알고 있지만 그것이 어떻게 일어났는지는 모르는 경우가 많다. 많은 사람들이 한국 전쟁 때 국군이 북한군이 한강을 건너지 못하게 한강 인도교를 폭파한 사실을 알고 있을 것이다. 그러나 한강 인도교를 폭파할 때 사전에 고지도 없고, 인원 통제도 제대로 하지 않아 폭파 당시 70여 명의 사람들이 사망한 사실을 모르는 사람도 있을 것이다. 그리고 이 폭파 명령에 대한 직접적인 책임이 누구에게 있는지 여전히 미스테리이다. 이처럼 전후 관계나 인과관계가 명확한 상황에서 '어떻게'를 파고드는 것 역시 훌륭한 연구 질문이 될 수 있다.

양적 연구에서 연구의 핵심을 표현하기 위한 도구를 '연구 모델'이라고 한다.[29] 연구에서 독립변수와 종속변수를 설정했다면, 연구 모델이 얼추 설정되었다고 할 수 있다. 경우에 따라서는 독립변수와 종속변수를 어떤 변수가 매개하는지 궁금해하기도 한다. 이와 같은 효과를 매개 효과(mediation)라고 하며 이때 많은 연구에서 매개 모형을 사용한다. 예를 들어, '부와 모의 공감 능력이 아동의 정서 조절 능력에 미치는 영향: 자아 존중감의 매개효과를 중심으로'라는 논문에서 연구 모델은 아래와 같이 표현된다.[30] 이와 같은 연구 모델은 설명을 위해서 매우 간략하게 표시한 것이며 실제 연구모형은 이것보다 더 정교하고 복잡해지고 있다. 구조 방정식 모형은 SPSS라는 통계패키지에서 Amos로 구현할 수 있으며, 보다 자세한 설명은 관련 서적을 참고하기 바란다.

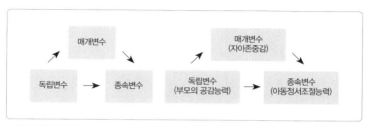

_ 연구 모델의 예시 _

참고로, 연구모형을 '연구 모델'이라고 부르는 이유에 대해서 잠깐 생각해 보자. 연구자가 '모델'을 설정하는 것은 '실재(reality)' 그대로를 연구하는 것은 아니기 때문이다. 예컨대, 설문지를 통해 원인과 결론에 대한 답을 얻으려 할 때, 우리는 그 사람들의 마음이라는 '실재' 안으로 들어간 것이 아니고, 그 사람들이 '표시한(represent) 답변'에 대한 연구를 할 수밖에 없다. 우리가 확인할 수 있는 것은 설문지에 투사된 값이다. 그래서 사실을 검증하는 방법은 있는 그대로의 실재가 아니라 '모델'을 통해서 접근할 수밖에 없는 것이다.

연구를 먼저 '인과관계형'과 '과정형'으로 나눌 필요가 있다. '인과관계형' 연구에서 원인에 해당하는 것을 '독립변수', 결과에 해당하는 것을 '종속변수'로 정한다. 원인과 결과를 화살표로 표시하면 이것이 연구모델이다. 앞서 설명했듯, 매개효과를 검증하는 것도 훌륭한 연구 모델이 된다.

'과정형'은 이미 우리가 인과관계나 선후관계를 알고 있는 상황에서 그 과정(process)에 집중하는 연구를 의미한다. '과정형' 질문은 질적 연구의 연구 질문을 만들기 위한 그럴싸한 도구가 될 수 있다. '연구 모델'은 주로 양적 연구에 사용하는 용어이며, 질적 연구에서는 '연구 질문' 혹은 '세부 연구 주제' 등으로 연구의 문제의식을 구체적으로 표현하기도 한다.

◎ 모방과 창조: 선행 연구를 참고하라

이 조언은 조심스럽지만, 모든 창작자들의 창작 방법이기도 하다. 좋은 작품을 모방하자. 전 세계적으로 흥행을 이끈 '오징어 게임'의 기본 플롯은 인간의 목숨을 건 데스 게임을 표방하는 일본 영화 '배틀 로얄'과 닮았다. 우리 모두 그것을 알지만 기분 좋게 드라마를 감상하는 데 아무 지장이 없다. 좀 더 과감하게 말하자면, 모방 없는 창작은 사실상 불가능하다.

여러분이 학위논문을 기획하면서 하는 모든 고민은 다른 연구자도 한 번씩 다 겪었던 것이다. 따라서 선행 연구자들이 논문을 어떻게 구성했는지 알아볼 필요가 있다. RISS는 대학과 연계하여 많은 대학의 학위논문을 원문보기 서비스까지 제공한다. 자신의 주제와 같은 논문을 쓴 학위논문을 찾아서 자신의 목차를 세우는데 참고할 필요가 있다. 자신만의 논문을 쓰겠다며 선행 연구를 참고하지 않는 것은 독창성이 아니라 불성실한 것일 수도 있다.

'모방하라'는 조언에서 '표절(plagiarism)'을 떠올릴 수 있다. 특히 한국 사회에서 표절이라는 이슈는 뜨거운 감자이며, 정치적으로도 민감한 주제이다. 모방하다 표절이 되지 않을까 걱정하는 분을 많이 보았다. 필자의 경험상, 아무리 논문을 열심히 참고해도 자기가 대놓고 문장을 베끼지 않는 이상은 카피킬러 등 표절 검증 사이트에서 유사도가 10%를 넘기 힘들다. 별 생각 없이 논문을 쓰고 카피킬러로 검증하면, 5~7%가 나오는 것 같다. 사실 아무리 문장을 다르게 쓰려고 해도 키워드가 비슷한 경우 유사도가 완전히 제로로 나올 수는 없다. 필자가 강조하고 싶은 것은, "정직하게 쓰기만 한다면 표절은 걱정할 필요가 없다."는 것이다.

선행 연구를 공부하는 것이 중요한 이유가 하나 더 있다. 바로 '방어'를 위해서이다. 여러분이 논문을 쓰고 나면 알게 되겠지만, 세상에는 잔소리꾼이 참 많다. 논문 지도교수와 심사 위원은 공식적인 조언자이고, 동료 대학원생, 혹은 책 좀 읽었다는 사회 선배들도 학위논문에 대해서 이러쿵저러쿵 한마디씩 할 수 있다. 특히 지도교수나 심사 위원의 비평은 매우 중요하다. 다른 사람의 참견도 때로는 중요하다. 하지만, 가장 중요한 것은 연구자의 확신이다. 그 확신은 어디에서 오는가? 선행 연구에서 온다.

학위논문의 목차와 기획에 대해서 논의할 때 기존 연구의 사례를 많이 알고 있다는 것은 엄청난 무기가 된다. 어떤 심사 위원이 여러분의 목차에 대해서 "이론적 배경에서, a개념에 대한 설명이 너무 길지 않나?"라고 했을 때, "a가 중요한 것 같아서 좀 많이 설명했습니다."라고 답변하는 것보다, "a가 중요하여 많은 선행 연구에서 a에 대한 언급을 길게 하는 경향이 있어서 저도 그렇게 했습니다."라고 말하는 것이 효과적이다. 사실 필자는 논문 심사의 예상 질문에 대한 답변을 준비하면서, 누구의 연구에서 이와 같은 경향이 있었는지도 대략 외워서 들어갔다. 단, 어설프게 잘 모르면서 답변을 하면 하지 않은 것만 못하다. 선행 연구를 외울 때는 정말 제대로 외워 갈 필요가 있다.

여러분은 분명히 지도교수에게 자신이 짠 연구 목차를 들고 가게 될 것이다. 그러면 지도교수는 여러분의 연구 목차를 체크하면서 "이것은 여기로 가면 좋겠다." 혹은 "이건 목차에서 빠지면 좋겠다." 등의 의견을 주고받게 될 것이다. 이와 같은 과정을 통해서 목차가 확정되면 여러분은 '기획'이라는 정말 큰 산을 넘은 것이다.

자료의 수집, 처리, 분석

이제 여러분의 연구에 필요한 자료를 수집할 차례이다. '자료 수집 (data collection)'은 단순히 기존 참고 자료를 의미하는 것이 아니라, 여러분의 연구 주제에 대한 핵심 자료를 수집하는 과정이다. 설문지로 양적 연구를 하고자 하는 연구자라고 한다면 설문지를 작성해야 하고, 설문지에 대한 응답을 얻어 내야 한다. '응답이 완료된 설문지'가 연구 자료이며, 설문지를 받아서 정리하는 모든 과정이 '처리(processing)' 이다. 질적 연구라면, 참여 관찰의 결과를 기록한 일지, 혹은 심층 인터뷰에서 상대방이 말한 내용 등이 연구 자료가 될 수 있다. 어떤 연구에서는 상대방이 그린 그림도 연구 자료가 된다.

◎ 실증 자료의 수집과 정리

경험 연구, 실증 연구를 하는 사람들에게 '자료'가 논문에서 차지하는 비중은 상상 이상이다. 요리할 때 신선한 재료가 음식 맛을 결정하는 것처럼, 생생한 자료는 그 자체로 논문을 빛낸다. 좋은 재료가 맛있는 요리를 만들듯, 좋은 자료는 연구의 품질을 결정한다. 특히 지금까지 발견된 적이 없는 자료, 존재했지만 학계에서 중요성을 인정하지 않았던 자료, 최신 동향을 알 수 있는 자료들은 그 자체로 귀한 재산이다. 연구자는 '좋은' 자료를 보면 가슴이 뛴다.

웬만한 자료는 인터넷에 다 있을 것 같지만, 실제로 정작 필요한 자료는 항상 구하기 어렵다. 필자는 박사학위논문을 쓸 때, 인천공항고속도로를 설계하는 데 필요한 타당성 조사 작업을 누가 어떤 방식으로 했는지 궁금했다. 그러나 하루 종일 인터넷으로 검색을 해도 이러한 자료는 나오지 않았다. 뿐만 아니라 당시 국가가 시공업체와 체결했던 계약서 같은 문건 역시 '기밀'이라는 이유로 쉽게 내주지 않았다. 이와 같은 자료를 얻기 위해 필자는 다시 '정보 공개 청구'를 했다. 그중 일부 자료는 정보 공개 청구를 통해 얻을 수 있었지만, 모든 정보를 공개해 주는 것은 아니었다

자료를 얻는 또 하나의 방법은 인맥을 동원하는 것이다. 특히 사건을 담당했던 기자나 담당 공무원들은 어떤 사안의 핵심이 되는 자료를 가지고 있을 가능성이 크다. 무서워하지 말고 담당 공무원이나 기자에게 이메일을 보내 보라. 조금 더 강력한 방법으로 회사나 구청으로 전화를 걸어서 담당자를 바꿔 달라고 하는 것도 방법이다. 사실 실무를 담당하는 사람들이 여러분의 연구를 적극적으로 도울 이유는 별로 없다.

그럼에도 불구하고, 두드리다 보면 열린다. 어느 순간 사람들의 마음이 열리고, 내 연구에 관심을 보이며, 나름대로 할 수 있는 최대한의 조치를 취해 준다. 특히 사회과학 연구를 하는 사람들에게 '그때그때 필요한 인맥'을 만드는 능력은 매우 중요하다. 필자의 경험을 떠올리면, 서울시 지하철 9호선 맥쿼리 후순위채 관련 기사를 쓴 '시사인' 이종태 기자에게 이메일을 보내서 결국 만났는데, 덕분에 많은 인사이트를 얻을 수 있었다.[31]

중요한 정보가 있는 자료를 가급적 많이 수집하는 것이 좋다. 자료를 모으다 보면, 자신의 연구 주제가 이미 충분히 논의가 된 진부한 주제라는 것을 깨닫는 경우도 있다. 그럴 때는 문제의식을 좀 더 심화시키거나 수정해야 한다. 필자의 경우 민간투자사업의 수요 추정에 관한 문제를 조사하다가 이 문제는 이미 벤트 플리뷔아(Bent Flyvbjerg)라는 학자가 전 세계를 대상으로 연구했음을 확인했다. 필자의 연구에서 주목했던 수요의 과대 추정(overestimate) 문제는 진부하기 짝이 없을 뿐 아니라 계획 분야에서 아주 오래된 골칫거리였음이 분명했다.

교통 기반 시설 수요의 과대 추정은 필자의 박사논문 중 아주 중요한 부분 중 하나였으므로 수요의 과대 추정이 수익률을 어떻게 왜곡하는지를 계산하는 것으로 문제의식을 바꿨다. 이렇게 되니 플리뷔아는 수요의 과대 추정만 논의했지만, 필자는 수요의 과대 추정으로 인한 수익률의 과다 추정, 그리고 그로 인한 보조금 액수의 증가액 산정 등의 문제에 천착할 수 있었다. 만약 플뤼비아의 논문을 발견하지 못한 채, 기존의 연구방법을 유지했다면, 필자의 연구는 수요 추정을 연구했던 수많은 추종자들의 연구 중 하나에 그쳤을 것이다.

자료 조사 못지않게 중요한 것은 자료의 정리이다. 요즘은 자료를 정리할 툴이 너무 많아서 어떤 툴을 쓸지조차 고민이 된다. 문서 작성 툴도 너무 많아 각 자료를 어떤 툴로 정리하여, 어떤 툴로 문서를 작성할지 갈피를 잡기 힘들다. 논문을 쓰기 위해서는 자료의 저장, 정리, 관리가 중요하다. 충분히 고민해 보고 자신에게 편리한 툴을 안정적으로 사용하자. 툴을 사용하여 자료를 정리하기 시작했다면, 그 툴을 지속적으로 사용하면서 자료를 업데이트 해야 한다. 특히 수치 자료를 관리하면서 엑셀을 어떻게 관리할 것인지도 중요한 문제이다. 대부분 엑셀의 기본 기능을 잘 안다고 생각하지만, 엑셀 사용 설명서 하나만 봐도 수많은 기능이 숨어 있음을 알 수 있다.

초보 연구자일 때 가장 뼈아픈 실수는 자료를 완전히 날려 먹는 경우이다. 컴퓨터 저장 장치에 문제가 생기거나, 실수로 중요한 자료를 지우는 일이 비일비재하다. 장사하는 사람에게 물건이 밑천이라면, 학자에게는 자료가 밑천이다. 자료 귀한 줄 알고 항상 관리해야 한다. 필자는 논문 집필 당시 USB, 드롭박스, 구글 드라이브 등에 각각 논문과 관련된 자료를 수시로 업로드하고 동기화했다. 그래서 언제 어디서든 필요한 자료를 스마트폰, 스마트 패드, 컴퓨터로 확인하거나 수정할 수 있었다.

이렇게 해서 필자는 언제 어디서든지 필요한 자료를 가지고 논문을 쓸 준비를 했다. 덕분에 연구실이 지겨우면 커피숍으로, 또 커피숍이 지겨우면 도서관으로 자리를 옮기며 자료를 활용해 연구를 진행했다. 언제 어디서든 필요한 자료에 접근해 논문을 쓸 수 있는 환경을 만드는 것이 중요하다.

자료의 정리에는 두 가지 원칙이 중요하다. 하나는 넓고 깊게 자료를 조사하여 중요한 자료를 추려내는 작업을 '반복'하라는 것이다. 인터넷으로 국내외 보고서, 해외 논문까지 모두 찾아볼 수 있는 상황에서 더 이상 '넓게' 자료를 모으는 것은 미덕이 아니다. 중요한 것은 '좋은' 자료를 많이 모으는 것이다.

또 하나의 원칙은 자료에 끊임없이 손을 대라는 것이다. 자료는 있는 그대로 놔두는 순간부터 진부해지기 시작한다. 훌륭한 연구자는 자료를 진부해지게 놔두지 않는다. 문헌 자료라면 그럴듯한 인용문을 빼낼 수 있는지 꼼꼼하게 읽는다. 수치 자료라면, 수치 이면에 있는 의미들에 대해서 곱씹어 보고, 다른 수치와 비교해 본다. 필요 없는 자료라면 참고만 할 수 있는 폴더에 별도로 모아 놓는다. 논문에 들어갈 만큼 중요한 자료는 별도 폴더로 저장한다. 해당 자료가 논문에 들어가서 기능을 하는 그 순간까지 연구자는 자료를 만지고, 또 가공해야 한다. 이와 같은 자료의 정리와 가공을 거듭하다 보면, 어느 순간 손이 더 빠르게 움직이고, 두뇌 회전이 빨라져, 논문에 들어갈 만한 좋은 자료를 빠르게 찾아내서 적용할 수 있는 눈이 생긴다.

필자는 지금도 자료를 보면 가슴이 뛴다. 지금도 필자는 자료의 바다에서 서핑을 즐기듯 노련하게 자료를 다루는 사람이 되려고 노력한다. 연구자라면 자료를 자꾸 들여다보고, 자료가 가진 의미를 곱씹는 노력을 하는 것이 중요하다. 학위논문을 쓰는 과정은 그런 연습을 하는 과정이기도 하다.

◎ 설문지 개발과 분석

사회과학의 연구들은 결국 '인간'에 관한 실험인 경우가 많다. '인간'은 비단 인류학뿐 아니라 거시적으로는 사회과학 전체에서도 가장 중요한 연구 주제라고 할 수 있는데, 사람이 어떤 생각을 하고 어떤 행동을 하는지 가장 손쉽게 알 수 있는 방법 중 하나가 '직접 물어보는 방법', 즉 설문지를 활용한 방법이다. 설문의 종류는 조금 어려운 말로, '구조화된(structured) 설문'과 '반(半)구조화된(semi-structured) 설문'으로 나뉜다. '구조화된 설문'은 척도, 즉 숫자로 변환될 수 있도록 설계된 데이터이다. 엑셀 시트에 깔끔하게 들어가기 어려운 데이터를 '반구조화된 설문'이라고 하며, 인터뷰 내용 등이 여기에 해당된다. 그러나 '구조화된 인터뷰'라는 개념도 가능하기 때문에 보다 자세한 내용은 사회과학 방법론 서적 등을 참조하면 된다.

설문지를 이용한 양적 연구는 자료의 수집과 분석 과정이 비교적 정형화되어 있어 별다른 설명이 필요하지는 않다. 그런데 설문지를 이용한 양적 연구에서 가장 중요한 것은 '설문지' 그 자체이다. 설문지를 이용한 양적 연구는 기존 연구들이 해결하지 못한 어떤 문제를 이번 설문지를 통해서 해결해 보겠다는 연구자의 의지가 들어가 있다. 그래서 설문지 '개발'에는 많은 노력을 기울일 필요가 있다.

설문지를 만들려면 여러분의 연구 질문을 '연구가설(research hypothesis)'로 바꾸어야 한다. 가설이란 통계적 검증을 위하여 만드는 '명제'이다. 명제라는 말이 의미하듯, 참(truth)과 거짓(false)의 판별이 가능한 문장이어야 한다. 예를 들어, "심리 치료를 받은 사람의 자아 존중감이 높아질 수 있을까?" 이와 같은 연구 질문에서 "심리 치료를 받는 사람의 자아 존중감은 심리 치료를 받기 전보다 통계적으로 유의미하게 높을 것이다."와 같은 연구가설로 바꿀 수 있다.

설문지를 이용한 양적 연구는 결국 '통계적 검정(statistic test)'을 수행하는 것이 목적이므로 독립변수와 종속변수를 설정한다. "심리 치료를 받은 사람은 자아 존중감이 높아졌다."는 가설의 경우, 독립변수는 '심리치료의 유무', 종속변수는 '자아 존중감'이 된다. 독립변수는 원인이 되는 변수, 종속변수는 결과에 해당하는 변수를 의미한다

연구가설을 설정하기 위해서 연구자는 독립변수와 종속변수에 무엇을 넣을지를 결정한다. 독립변수에는 놀이, 운동, 사교 활동, 심리 치료 등 여러 요인이 들어갈 수 있다. 예를 들면, 놀이가 자아 존중감에 주는 영향, 운동이 자아 존중감에 주는 영향, 사교 활동이 자아 존중감에 주는 영향, 심리 치료가 자아 존중감에 주는 영향 등 연구가설을 만들어볼 수 있다. 이런 식으로 독립변수와 종속변수를 설정하는 이유는 뭘까? 종속변수는 결국 우리의 목적이 되는 변수이다. 놀이, 운동, 사교 활동, 심리 치료 등의 활동을 하는 궁극적인 이유 중 하나는 자아 존중감을 높이기 위해서이다. 고로 자아 존중감은 종속변수로 자주 등장하게 된다.

독립변수와 종속변수가 결정되었다면, 이제 할 일은 자신의 가설을 증명할 설문지를 '개발'하는 것이다. 이미 수많은 선행 연구자가 수많은 연구 주제에 대해서 설문지를 개발해 놓은 바 있다. 학위논문의 경우, 대부분 설문지를 원문 그대로 공개한다. 연구자가 낸 오타까지 적나라하게 볼 수 있다. 이와 같은 선행 연구들의 척도를 고민하여 자신만의 척도를 만드는 작업이 필요하다. 때로는 해당 학문 분야에서 공신력

있다고 알려진 척도를 그대로 쓰는 경우도 없지 않다. 그러나 이런 경우에도 모든 변수를 외부에서 '있는 그대로' 가져오는 것은 불가하다. 적어도 연구자가 하나는 새롭게 기여한 것이 있어야 이 연구가 세상에 나올 가치가 있기 때문이다. 설문지도 선행 연구를 비교 분석하여 고민하여 나름의 대안을 가지고 지도교수에게 도움을 요청하거나, 확정을 받는 과정이 필요하다.

설문지가 완성되었다면, 설문에 대한 '대답'을 받아야 한다. 사실 이 과정이 매우 어려울 수 있으니 마음을 단단히 먹을 필요가 있다. 예를 들어, 자신이 아는 특정 고등학교에서 청소년을 대상으로 하는 연구의 설문을 단체로 받는 경우도 있다. 관광에 대한 연구를 한다면, 관광지에 직접 가서 관광객을 일일이 붙잡고 설문을 받을 수도 있을 것이다. 어떤 경우이건 쉽지 않고, 고된 일이다. 목표한 설문지 부수만큼 설문에 응답을 받았다면 그것이 여러분의 논문의 자료가 된다. 설문을 받을 때는 성별의 비율, 특정 연령에 치중되지 않도록 유의할 필요가 있다.

자료가 수집되었다면, 엑셀에 '입력'하는 작업을 해야 한다. 여러분이 시간과 노력을 들여서 얻어 낸 소중한 자료들이므로 오류 없이 입력할 수 있도록 최선을 다하는 것이 필요하다. 동료나 친한 사람들에게 입력을 부탁하더라도 끝나고 나서 연구자가 직접 검증하는 작업이 필요하다.

자료의 입력까지 끝났다면, 이제 '분석'을 할 차례이다. 설문 조사의 경우 분석 프로그램은 SPSS를 가장 많이 사용하지만, STATA, R 등 스크립트형 프로그램을 사용하기도 한다. 그래픽 기반 툴인 SPSS도 스크립트로 사용이 가능하다. 최근 R은 무료 통계 언어로 각광받고 있는 데, 기본 명령어를 스크립트로 익혀야 하는 등 약간의 진입 장벽이 있다. 학교에서 교육 목적으로 SPSS 라이선스를 구매하였을 가능성이 높으므로 알아보고 가급적 SPSS를 사용하기를 권장한다. 가장 쉽고 직관적이다. 사용법을 익히려면 책 한 권 정도 사서 읽거나, 책이 어렵다면 유튜브 등을 통해서 배울 수도 있다. 개인적으로는 책을 사는 것을 더 선호하고, 추천한다. 유튜브는 책에서 모르는 내용이 나왔을 때 짤막하게 찾아보는 용도로 더 적절하다.

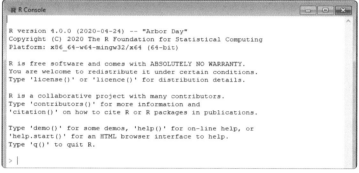

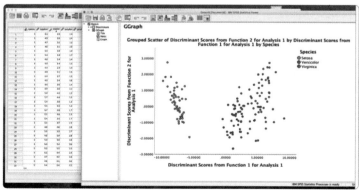

_ 통계 프로그램 R(상)과 SPSS(하) _

분석 시, 최선의 결과는 여러분이 주장하고 싶은 내용이 단번에 증명된 경우이다. 그런 경우 여러분은 이 뒷부분을 읽을 필요도 없이 바로 집필로 들어가면 된다. 그런데 한 번에 이렇게 결과가 잘 나오는 경우는 극히 드물다. 이때가 여러분의 연구에서 가장 큰 고비가 될 수도 있다. 내가 원하는 가설이 증명되지 않고, 엉뚱한 가설만 증명되는 경우도 허다하다. 이 경우, 먼저 쪼르르 지도교수에게 어려움을 상의하기 전에 먼저 조금은 더 고민을 해 볼 필요가 있다. 투입되는 변수를 바꿔서 결과값을 보기도 하고, 모델을 단순화시켜서 결과값을 내보기도 한다. 요즘 컴퓨터가 좋아서 변수를 바꿔서 새 결과값을 얻는 데까지 1분도 걸리지 않는다. 사실 이와 같은 이유로 설문을 할 때 미리 조금은 많은 정보를 얻어 낼 필요도 있다. 왜냐하면 자기가 원하는 결과가 안 나왔을 때 다른 변수들간 연관 관계를 통해서 의도치 않게 좋은 결과가 나올 수도 있기 때문이다.

혹시 의도치 않았던 새로운 상관관계 혹은 인과관계를 찾았는가? 그렇다면 그 결과물을 가지고 지도교수를 찾아간다. 여러분의 문법은 "제가 연구를 했는데 결과가 안 나왔습니다. 어떡하죠?"가 아니라, "제가 연구를 해봐도 결과가 안 나와서, 다른 방법으로 했더니 이런 결과가 나왔습니다. 연구 방향을 어떻게 수정하면 좋을까요?"가 되어야 한다. 지도교수에게 문제를 해결해 달라는 느낌으로 접근하기보다 자신이 충분히 시행착오를 겪어서 얻은 대안들을 가지고 지도교수를 만날 필요가 있다.

지도교수와 상의 후, 여러분은 최종 모델과 결과값을 확정하게 될 것이다. 그리고 최종 모델과 결과값이 확정되었다면, 이제 집필만 하면 된다. 설문지를 통해 연구하는 경우, 분석을 통해서 '그럴듯한' 결론을 얻는 과정이 가장 큰 고비라고 생각한다. 설문지 분석까지 이르렀다면, 분석 내용을 가지고 논문을 쓸 수 있기 때문에 비교적 차분하게 논문 집필에 몰두할 수 있을 것이다.

집필

자, 여러분은 설문지를 만들었고, 분석을 해서 원하는 결과를 얻었다. 이제 연구 결과를 글로 바꾸는 일만 남았다. 학술적 글쓰기는 각주나 참고 문헌 등등 갖춰야 하는 형식도 많고, 규정도 엄격해 쓰기가 까다롭다. 그러나 무엇보다 여러분은 아마도 인생에서 처음으로 엄청나게 긴 글을 써야 한다는 부담감을 느낄 것이다.

여러분이 기획부터 설문지 구성, 자료 수집과 분석까지 모두 마쳤다면 '긴 글'을 쓰는 것이 그렇게 어려운 일만은 아니다. 여러분이 글을 쓰기 위한 재료들이 이미 충분히 있기 때문이다. 여러분이 '연구 질문'을 만들기 위해서 조사한 수많은 문헌들을 '이론적 배경'에 기술하면 되고, 여러분이 설계한 연구모형을 방법론에 충분히 기술하면 된다. 이제 긴 글을 쓸 때 어떻게 호흡을 놓치지 않고 작업하여 완성할 것인가에 초점을 두고 집필 과정을 살펴보자.

◎ 스토리라인을 짜라

여러분은 이미 '목차'를 정했다. "목차는 논문의 지도이자 안내서이자 설계도다, 이제 쓰기만 하면 된다."라고 생각해 본다. 하지만 막상 글을 쓰겠다 마음을 먹고 컴퓨터를 부팅했는데, 눈앞에 텅 빈 화면을 보게 되면, "첫 문장은 어떻게 시작해야 하지?"라는 고민부터 들게 마련이다. 너무 막막하게 생각하지 말자.

학술적 글쓰기의 중요한 특징 중 하나는 '써야 할 말이 이미 상당 부분 정해져 있다.'는 것이다. 논문은 연구 성과를 학계라는 특수한 사회에 보고하는 의사소통 도구이다. 자신이 써야 할 내용을 알고 있다면, 그 내용을 전개하기 위한 줄거리, 즉 스토리라인은 이미 정해져 있다. 예를 들어 서론은 다음과 같은 스토리라인으로 구성될 것이다.

- **연구의 필요성** "선행 연구가 x에 주목하였지만, y라는 점에 대한 연구는 드물었다."
- **연구 내용** "이 연구는 x에 주목하여 y를 조사하였다."
- **연구 질문** "x는 y에 영향을 미칠 것인가?"
- **연구 구성** "이 연구의 구성은 다음과 같다. 2장에서는 무엇을 다루고……."

중요한 것은 핵심적인 스토리라인과 핵심 내용을 증명하는 세부적인 내용을 구분하는 것이다. 핵심 요소들을 먼저 써서 갈 길을 확인하고, 세부적인 내용을 다루는 보조 문장을 채워 넣으면 된다. 예를 들어 "선행 연구에서는 x에 주목하였다."라는 스토리라인을 썼다 치자. 그러면 도대체 누가 어떤 연구들을 수행하였기에 선행 연구가 x에 주목한다고 하는 것인지 설명해야 한다. 각 연구를 요약해서 이 연구들이 실제로 x에 주목하였는지 근거를 제시해야 하는 것이다. 그러면 필연적으로, "a는 어떤 측면에서 x를 다뤘고, b는 어떤 측면에서 x를 다뤘고, c는 어떤 측면에서 x를 다뤘다."는 보조 문장이 따라와야 한다. 각 문단은 이렇게 핵심 문장과 보조 문장으로 이뤄져 있다. 이 구조를 머릿속에 넣고 글을 쓰면, 글을 쓰다 길을 잃어버리지 않을 수 있다.

논문은 벽돌 쌓기처럼 이런 핵심 문장들이 서로 유기적으로 연관되어 있다. 특히 초록(abstract, 요약)은 논문의 내용이 농축되어 있다. 예를 들어 보자. '집단치료놀이 프로그램이 한부모 가정 아동의 자아 존중감과 정서적 부적응 행동에 미치는 효과'라는 논문의 초록이다(문장 안 번호는 필자).[32]

"❶ 본 연구는 집단치료놀이 프로그램이 한부모 가정 아동의 자아 존중감과 정서적 부적응 행동에 미치는 효과를 알아보고자 하였다. ❷ 집단치료놀이 프로그램은 주 2회 50분씩 총 12회기로 구성되었으며, 실험 집단과 통제 집단으로 선정된 아동들에게 실험 전·후 자아 존중감 척도와 정서적 부적응 행동 척도를 실시하여 프로그램 효과를 검증하고, 치료 과정에서 나타난 행동 변화를 관찰하여 내용분석하였다. ❸ 본 연구의 결과, 자아 존중감 척도와 정서적 부적응 행동 척도에서 실험 집단에 유의한 차이가 나타났음을 알 수 있었으며 집단치료놀이 과정 중 연구 대상자들이 초기 단계에 비해 종결 단계로 나아갈수록 긍정적인 변화를 보였음을 알 수 있었다. ❹ 이상의 결과에서 집단치료놀이 프로그램이 한부모 가정 아동의 자아 존중감을 향상시키고 정서적 부적응 행동을 감소시켰다는 연구 결과를 밝힘으로써, 그 효과를 입증하였다."

초록은 4개의 문장으로 이뤄져 있다. 각각 서론, 연구방법, 연구 결과, 토론 역할을 수행한다.

❶ 본 연구는 집단치료놀이 프로그램이 한부모 가정 아동의 자아 존중감과 정서적 부적응 행동에 미치는 효과를 알아보고자 하였다. [서론]

❷ 집단치료놀이 프로그램은 주 2회 50분씩 총 12회기로 구성되었으며, 실험 집단과 통제 집단으로 선정된 아동들에게 실험 전·후 자아 존중감 척도와 정서적 부적응 행동 척도를 실시하여 프로그램 효과를 검증하고, 치료과정에서 나타난 행동 변화를 관찰하여 내용분석하였다. [연구방법]

❸ 본 연구의 결과, 자아 존중감 척도와 정서적 부적응 행동 척도에서 실험 집단에 유의한 차이가 나타났음을 알 수 있었으며 집단치료놀이 과정 중 연구 대상자들이 초기 단계에 비해 종결 단계로 나아갈수록 긍정적인 변화를 보였음을 알 수 있었다. [연구 결과]

❹ 이상의 결과에서 집단치료놀이 프로그램이 한부모 가정 아동의 자아 존중감을 향상시키고 정서적 부적응 행동을 감소시켰다는 연구 결과를 밝힘으로써, 그 효과를 입증하였다. [토론]

예를 들어, ❶번 문장은 서론의 내용을 한 문장으로 요약한 것이다. 서론은 여러 문단으로 이뤄져 있으며, 이 문단 중 하나의 '핵심 문단'이 다른 '보조 문단'에 의해서 뒷받침된다. 그리고 그 '핵심 문단'은 다시 '핵심 문장'과 '보조 문장'으로 이뤄져 있다. ❶번 문장은 '핵심 문단' 안에 있는 '핵심 문장'과 유사할 것이다. 이와 같은 내용은 연구방법, 연구 결과, 토론에서도 똑같이 적용된다.

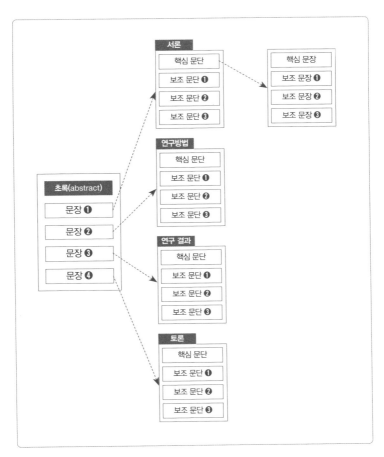

_ 스토리라인의 구조 _

논문의 구조를 이해하며 글을 쓰면 수월하겠지만, 학위논문을 쓸 때
이 구조 자체가 계속 흔들릴 수 있다. 난관은 사방에 도사리고 있다. 연
구 질문에 대한 연구 자료가 구해지지 않을 가능성, 연구를 했는데 원
하는 답이 안 나올 가능성, 연구 질문을 중간에 바꾸고 싶을 가능성도

있다. 이런 일이 생기면 글을 뒤집어엎는 일도 빈번하다. 그런 일이 있어도 너무 당황하지 말고, 새로운 단계에서도 논문의 구조를 다시 짜고 스토리라인을 정리해 보자. 분명 처음보다 무엇인가 달라진 것을 발견할 수 있을 것이다.

◎ 체크리스트 만들기

글 쓰는 일, 특히 학술적 글쓰기는 정신 노동보다 육체 노동에 가깝다. 스도쿠 같은 퍼즐 맞추기보다 벽돌을 쌓아 집을 짓는 행위와 더 유사하다. 벽돌을 쌓는 대신 키보드를 두드리는 것이 차이라면 차이일까. 글쓰기라는 '노동'을 하기 위해 노동 효율성을 최고로 치는 조직, 기업에서 업무를 처리하는 방식을 도입해 보자.

바로 체크리스트를 활용하는 것이다. 이 방법은 실제 직장 생활에서 빠질 수 없는 일하기 기술로, 학위논문을 쓰는 과정에서 더 없이 유용하다. 필자는 이런 체크리스트를 만들고, 그 일을 할 때마다 하나씩 지웠다. 체크리스트가 하나씩 지워지면서 논문의 페이지가 하나씩 늘어났다.

- ~~연구 배경(3문단)~~
- 연구의 배경이 된 사건
- 사건이 주는 연구 내용에 대한 시사점
- 이론적 배경
- a개념의 정의
- a를 다룬 해외 선행 연구(5개)

- a를 다룬 국내 선행 연구(10개)
- a를 다룬 선행 연구가 가진 한계
- b개념의 정의
- b를 다룬 해외 선행 연구(5개)
- b를 다룬 국내 선행 연구(10개)

...

이와 같은 방식의 가장 큰 장점은 '논문'이라는 막연한 대상을 여러분이 손댈 수 있는 구체적인 대상으로 바꿔 준다는 것이다. 어느 날은 글을 쓰기가 너무 힘들다. 무엇을 써야 할지 모르겠고, 내가 하는 말이 잘 쓴 것인지 헷갈릴 때가 있다. 그럴 때 필자는 논문 안에 들어갈 그림을 파워포인트로 그렸다. 그러다 보면 논문에서 내가 말하려고 하는 바를 조금 더 분명하게 알게 되곤 했다. "아, 내가 논문에서 이런 내용을 쓰려고 하다가 안 썼지!", 혹은 "내 논문에서 모자란 점이 이 부분이었구나!"라는 점을 깨닫고, 새로운 할 일을 만들어서 하곤 했다.

체크리스트를 만든다는 것은 논문 쓰기라는 큰 덩어리의 부담을 지금 자신이 할 일이라는 작은 덩어리로 쪼개는 행위이다. 체크리스트를 만듦으로써 "논문을 어떻게 써야 할 것인가?"라는 존재론적 질문은 "내가 무엇을 할 것인가?"라는 실천적인 질문으로 바뀐다. 그리고 여러분이 그 체크리스트를 하나씩 해 나가다 보면 어느 순간 상당한 분량의 초안을 써 낸 자신을 발견할 수 있을 것이다.

◎ 길게 쓰고 줄여라

좀 다른 얘기지만, 글을 잘 쓰는 방법 중 하나로 많은 작가들이 "그냥 많이 쓰라."는 말을 한다. 이 말은 정말 맞는 말이다. 많이 써야 그중에서 좋은 글이 나온다. 키보드를 두드리는 시간이 많을수록, 그 안에서 더 좋은 문장이 나올 가능성이 크다. '어쩌다 한번 쓴 글이 명문'이라는 식의 기적은 현실 세계에서는 좀처럼 일어나지 않는다.

좋은 원고를 쓰기 위한 하나의 방법은 원고를 '많이' 쓰고, 그 원고를 점점 줄여 나가는 것이다. 글쓰기 초보일수록 간신히 분량을 채우고, 채워낸 분량을 버리지 못한다. 필자의 경우, 석사논문을 쓸 때 이론적 배경만 50페이지가량 서술해 중간 발표 때 제출했다. 대부분 내용을 삭제 당했고, 논문에는 1/3 정도만 실리게 되었다. 당시에는 열심히 공부한 내용을 심사 위원들이 알아주지 않는 것 같아 속도 많이 상했다. 그러나 지금은 생각이 다르다. '줄이는 것'이야말로 진짜 공부였다. 줄이다 보니 불필요한 내용은 없애고 본질적인 내용이 무엇인지를 생각하게 된다. 그렇게 자꾸 줄이다 보니 원고에 조금씩 더 힘이 붙는 것 같다는 느낌도 들었다.

초고는 원고의 절대적 양이 많아야 한다. 필자의 경우 10만 자를 쓰려고 계획을 했다면 12만 자를 채우는 것을 목표로 했다. 그런 뒤에 2만 자 정도를 줄이겠다고 생각하면서 문장을 거듭거듭 수정했다. 줄인다는 생각으로 다시 읽어 보면 중요한 문장이 무엇인지 다시 보이게 될 것이다.

지금도 이 원칙은 계속된다. 보통 1,200자 칼럼을 의뢰받지만, 일단 뭔가를 쓰면 1,500자가 넘는다. 칼럼 분량에 맞추려고 원고를 줄이고

줄인다. 그렇게 하다 보면, 원고에 중복된 표현, 불필요한 표현이 들어
갔음을 알게 된다. 줄이고 줄이면, 조금 더 좋은 문장이 남는다.

글의 양이 중요한 다른 이유는 손가락으로 키보드를 더 많이 두드리면
두드릴수록 더 많은 새로운 생각이 떠오르기 때문이다. 새로운 생각은
또 생각을 낳고, 생각은 생각을 또 낳는다. 손가락이 키보드를 두드리
고 있을 때 새로운 생각이 든다면, 그 새로운 생각은 바로 또 활자로 옮
겨질 수 있다. 생각이 곧바로 실체를 가지게 되는 것이다. 별 쓸데없는
생각이라도 상관없다. 나중에 지우면 그만이다.

글을 잘 쓰고 싶은 사람은 글을 많이 읽고, 많이 써야 한다. 그 밖의 답
은 없다. 학술적 글쓰기도 예외가 아니다. 힘들지만, 일정한 분량을 매
일 쓰자. 학문적인 글은 다른 글보다 조금 쉬운 측면도 있다. 학문적인
글에는 규칙과 문법 등이 비교적 확실하기 때문이다. 학문적 글쓰기의
룰에 서둘러 적응하라. 대학원의 길에 들어선 이상 여러분은 어디에
몸담고 있든 평생 글을 쓰면서 살아야 할 가능성이 크기 때문이다.

◎ 가치 판단을 줄인 문장

개인 감정이 들어간 문장이 있는지 확인해야 한다. 연구자는 사물을
객관적으로 파악하고 그 결과를 학계에 보고하는 사람이지, 사태를 자
기 마음대로 심판하는 사람이 아니다. 연구자는 글을 쓸 때 하얀 모니
터만 마주하기 때문에 자신이 독재자라고 생각하기 쉽다. 그러나 연구
자는 인류 공동의 자산인 언어를 활용하여 독자들에게 자신의 연구를
설득시켜야 하는 상황에 처해 있는 사람이다.

연구자가 특정 대상에 대하여 감정적인 문장을 사용한다면, 신뢰를 얻기 힘들다. 긍정적인 표현이라고 해서 예외는 아니다. 연구 대상을 너무 사랑한 나머지 연구 대상에 너무 심취된 문장을 쓰는 경우도 있다. 예를 들어, "○○지역은 우리나라의 소중한 문화유산을 간직하고 있어 특별한 학문적 관심이 필요하다."는 식의 문장을 쓴다면 누가 그 연구자를 신뢰할 수 있을까? 독자 중에는 ○○지역보다 다른 지역을 훨씬 더 사랑하는 사람들도 있을 것이다. 좀 예민한 독자라면, "흥, ○○지역보다 △△지역이 훨씬 문화유산이 많고, 소외되어 있어 더 많은 관심이 필요한데?"라고 생각할 수도 있다. 굳이 필요하다면, "○○지역은 **, ** 등 문화유산을 보유하고 있다."는 정도의 톤이 적당할 것이다.

◎ 퇴고

학문 세계에서 "초고는 빨리 쓸수록 좋다."는 말이 있다. 연구 자료도 준비되지 않았는데 글만 쓰라는 이야기는 아니다. 학문적 글은 '연구한 내용'이 없으면 논문이라고 가치를 인정받을 수 없다. 글발로 A4용지 2~3장을 쓸 수 있지만, 100장짜리 글을 써낼 수는 없다. 연구 자료가 분석되었을 때에 비로소 논문의 초고를 쓸 수 있다.

논문의 초고를 다 썼다는 것은 연구 결과까지 서술이 끝났다는 의미이다. 이와 같은 상태가 되면 그제서야 비로소 연구자는 "이 논문이 연구하고자 하는 바는 무엇이었는가?", "이 논문의 결정적인 약점은 무엇인가?", "이 연구가 가지는 유의미성은 무엇인가?", "이 연구가 가지는 통찰은 무엇인가?"에 대해서 가까스로 대답을 할 수 있게 된다. 원래 연구자가 의도했던 연구 결과가 실제로는 의미가 없을 수도 있고, 연구자가 의도하지 않았지만 연구 중에 새로운 사실이 발견되어 위대한 발견으로 이어지는 경우도 있다. 페니실린의 발명이 대표적인 케이스이다. 이처럼 연구를 수행하던 중, 의도치 않았던 중대한 발견이나 발명이 이루어지는 현상을 세렌디피티(serendipity)라고 지칭할 정도로 과학계에서는 드물지 않게 일어나는 현상이다.

세렌디피티까지 가지 않더라도, 초고를 빨리 쓰면 여러 가지 장점이 있다. 예를 들어 발표장에서 청중이 "왜 a라는 방식으로 연구하지 않고 b방식으로 연구했습니까?"라고 질문하는 경우가 있다. 대부분 성실한 연구자라면 다음과 같이 답변을 할 것이다.

> "a 방식은 제가 파일럿 연구 당시 몇 번 시도해보았으나 ~한 이유로 유의한 결과가 나오지 않았습니다. 그래서 a보다 새로운 방법을 찾던 중 b를 찾아서 연구하게 되었습니다".

사실 연구자는 청중보다 이 주제에 대해서 잘 알고 있으므로 질문이 날카롭더라도 그에 대한 현명한 답변을 갖고 있어야 한다. 최고의 퇴고에는 시간이 필요하다. 시간이 지나면서 자기 글의 장단점이 더 명확하게 보인다. 현명한 연구자라면 초안을 빨리 작성하고 퇴고하고 편집하는데 더 많은 공을 들일 필요가 있다.

◎ 오탈자 제거

필자는 초고를 제출하기 전에 오탈자를 너무 열심히 보지 말라는 조언을 들은 적 있다. 오탈자를 찾는 것은 심사 위원의 권위를 세우는 중요한 행위이니, 남겨 줘야 한다는 것이다. 일견 의미 있는 주장이다. 그러나 이 주장은 위험하다. 필자도 논문 서면 심사를 할 때가 있는데, 오탈자가 있는 원고는 애초에 '덜 된 원고'라는 생각이 강하게 들어 평가가 박해진다. 불필요한 손해를 감수할 필요는 없을 것이다. 읽고 또 읽으면서 오탈자를 제거하는 것이 상책이다. 필자처럼 성격 고약한 심사자를 만나면 오탈자가 많은 원고는 상당히 박한 평가를 받을 수밖에 없고, 결과적으로 제출자가 힘들게 될 것이다. 여기서 도출되는 퇴고의 중요의 원칙 하나는 '오탈자를 최대한 없애라.'는 것이다.

물론 어문학자처럼 원고를 말끔하게 만들 수는 없다. 그러나 최소한, 자신이 사용하는 문서 프로그램의 빨간 줄, 파란 줄 정도는 살펴보자. 띄어쓰기가 잘못되거나, 마침표가 빠졌거나, 마침표 자리에 쉼표가 있거나, 따옴표의 호응이 잘 안 되었거나, 영어 단어라도 틀렸을 것이다.

◎ 용어의 통일

논문을 쓸 때, 초보자들이 저지르는 실수 중 하나는 용어의 통일에 신경 쓰지 않는 것이다. 연구자가 사용하는 용어는 엄밀한 학문적 도구이다. 예를 들어, 보통 사람들에게 '지역(region)'과 '공간(space)'이라는 표현은 비슷하게 들리겠지만, 지리학을 전공하는 사람들에게 두 단어는 매우 다르게 들린다. 지리학에서 '공간'이라는 개념을 사용하면, 공간 과학(spatial science)라는 개념이 떠오르고, 자연스럽게 공간 분포, 공간 군집, 공간적 패턴이라는 개념이 떠오른다. 반면 '지역'은 인종, 문화, 지형, 기후 등 공통적인 특성으로 묶을 수 있는 지리적 단위를 의미한다. 지역개발학(regional development)은 지리학의 주된 관심 분야 중 하나이다. 만약 누군가 처음에는 '지역개발'이라는 개념을 사용하다가 같은 의미로 '공간개발'이라든지, '지역발전'이라는 말을 혼용해서 사용한다면, 지리학 전공자의 입장에서 그 차이가 굉장히 크게 눈에 들어온다.

띄어쓰기도 마찬가지다. 필요에 따라서는 복수의 단어를 붙여서 한 단어처럼 만들어 쓰는데 이것 역시 일관성을 지켜야 한다. '지역혁신체계(RIS)'라는 표현은 경제지리학에서 많이 사용되는지 개념으로 '지역혁신 체계'나 '지역 혁신체계'라는 표기는 찾아보기 어렵다. 전문 용어로 쓰기 위해 일반적인 한글 맞춤법과 띄어쓰기를 달리 한다면 최소한 일관성을 갖추어야 한다. 그래야 맞춤법을 모르는 무지함의 소치가 아니라 명확한 의도를 가진 학계 일반의 용어 사용으로 인정받을 수 있다.

◎ 모순 제거

글을 쓸 때 모순이란 앞뒤가 다른 문장을 의미한다. 생각보다 많은 연구자들이 앞뒤가 모순된 문장을 쓰곤 한다. 앞에서는 "연구 개발을 위한 국가의 투자는 지역개발의 원동력이다."라는 문장을 쓰고, 아무런 설명 없이 "연구 개발 투자는 지역개발에 도움이 되지 않는다."는 식의 문장을 쓰면, 모순이 발생한다. 첫 문장은 국가가 연구 개발에 투자해서 지역개발을 해야 한다는 의미이고, 두 번째 문장은 연구 개발 투자가 지역개발에 도움이 되지 않는다는 주장이다. 두 문장은 비슷한 단어들을 열거하고 있지만, 정반대의 의미가 된다. 둘 다 사실일지도 모른다. 그러나 하나의 글에서 두 가지 내용의 문장이 공존한다면, 이것이 바로 '모순'이다.

본인은 이런 실수를 안 한다고 생각하겠지만, 실제 많은 원고에서 앞 문장의 내용을 뒤에서 뒤집는 주장을 하곤 한다. 이러한 모순은 충분한 시간을 가지고 원고를 꼼꼼하게 읽어야만 찾아낼 수 있다. 초고를 퇴고할 때는 항상 앞뒤의 문장이 일관된 진술을 하고 있는지 살펴볼 필요가 있다. 그래서 시간이 필요하다.

◎ 심사자의 눈으로 읽기

'심사자의 눈으로 원고 읽기'를 할 필요가 있다. 남의 마음이 되어서 내 글을 읽어보는 것, 이 단계야말로 퇴고의 마지막 단계라고 할 수 있다. 필자도 그렇지만 연구자들은 자신의 관점을 벗어나지 못하는 경우가 많다. 그러나 심사자나 청중은 본인의 연구 주제에 큰 관심이 없는 사람일 수 있다. 또한, 이들은 내 연구의 틀린 점을 찾아내고 싶다. 내 연구 주제에 관심이 없다 하더라도 내 연구가 가진 문제를 찾아내는 것은 그렇게 어렵지 않다. 앞서 말한, 몇 가지 원칙만 들이대도 살아남을 수 있는 원고는 흔하지 않다. 내가 정말 심사자라고 생각하고 글을 읽으면, 그전에 보이지 않았던 오류들을 찾을 수 있다.

필자 역시 심사를 하면서 그런 생각을 하게 되었다. 심사자라면 이 글을 보면서 뭐라고 지적을 할까, 이 부분에 대해서 반론이나 의문을 제시하지 않을까? 이런 생각을 하면서 글을 쓰면, 가상의 반론도 미리 대비할 수 있다. 가끔 필자는 글을 읽다가, "이런 반론이 있겠네."라고 생각하는데 저자가 그것을 먼저 생각해서 글에 답을 해 놓은 경우를 만난다. 이런 저자들은 상당한 내공을 갖춘 사람으로 독자의 생각을 이미 읽고, 그 생각에 대한 대답을 명료하게 제시할 준비가 되어 있다. 이와 같은 이심전심 능력은 하루아침에 생기는 것은 아니다. 수시로 다른 사람에게 빙의했다고 생각하며 훈련을 해 보라. 빙의되면 새로운 것이 보인다.

이상의 글쓰기 원칙은 비즈니스 라이팅이나 보고서 등 다른 글을 쓸 때도 지켜야 할 글쓰기의 원칙이다. 학술적 글쓰기, 그중에서도 학위논문을 쓰는 대학원생은 이와 같은 원칙을 잘 지키는지를 평가받는 중이기 때문에 꼼꼼하게 초고를 검토할 필요가 있다.

원칙이 너무 많다고? 한때 유행했던 "쫄지 마!"라는 말을 하고 싶다. 이와 같은 원칙을 완벽하게 지키는 원고는 불가능하기 때문이다. 인생은 '오탈자와 벌이는 전쟁'이라는 말도 있는데, 아무리 찾고 또 찾아도 나오는 것이 오탈자이다. 그러니 강박 관념을 가질 필요는 없다. 심사자가 이런 원칙을 염두에 두면서 심사를 한다는 점을 생각하면 된다. 오탈자가 많은 초고, 용어의 통일이 흐트러진 원고를 보면서 당신의 원고에 대해 부정적으로 생각하게 할 필요는 없을 것이다.

그리고 또 하나. 여기서 언급한 초고 수정의 원칙은 별처럼 많은 글쓰기 원칙 중 몇 가지를 꼽은 것에 불과하다. 이 원칙이 전부라고 생각하지 않았으면 좋겠다. 예를 들어 연구자들은 참고 문헌을 제대로 표기했는지 매우 관심있게 본다. 본문에 '(이동민. 2014)'이라는 표기를 해

놓고 이동민의 논문이나 저서가 참고 문헌 목록에 빠졌다면, 심사 때 분명히 지적 사항으로 돌아온다. 연구자라면 참고 문헌 목록을 꼼꼼하게 작성하는 데 최선을 다해야 한다. 물론 어려운 일이다. 필자 역시 참고 문헌을 꼼꼼하게 달지 못해 아직도 심사 위원들에게 지적받곤 한다. 심사자 중 참고 문헌 목록을 뒤지는 사람은 꼭 있다! 그럼에도 불구하고 참고 문헌을 확인하는 절차보다 위의 원칙들이 초고를 퇴고할 때 꼭 필요한 규칙이라고 생각한다. 참고 문헌 목록 작업은 심사가 끝나는 마지막 날까지 수정하고 또 수정해야 하는 번거로운 작업이다. 초고를 고칠 때부터 참고 문헌 여부, 형식에만 지나치게 신경을 쓴다면, 글을 잘 조직하고 기획해야 할 여러분의 소중한 시간을 빼앗길 수도 있다.

퇴고란 즐거운 작업은 아니다. 잘 쓴 것 같지 않은 자신의 글을 고치고 또 고치고, 읽고 또 읽는 것은 방망이 깎는 노인처럼 지루하고 고된 일임에 분명하다. 그러나 여러분의 원고의 질을 끌어올릴 중요한 과정이다. 글쓰기 고수들이 하나같이 강조하는 원칙이 그래서 바로 퇴고이다.

제대로 퇴고 되지 않은 채 인쇄된 자신의 글을 보면 얼굴이 화끈거린다. 심지어 사람들은 오탈자를 귀신같이 찾아내 알려준다. 얼굴이 화끈거리는 것을 넘어 무한한 자괴감이 들다 못해, 원고를 던져 버리고 싶은 충동까지 든다. 인쇄된 글의 오탈자를 보며 얼굴이 화끈거리지 않으려면 한 번이라도 더 읽고 또 읽어야 한다.

Chapter
03

마케팅: 발표 준비하기

글을 다 썼다고 해서 논문이 마무리되는 것이 아니다. '발표(presen-tation)'라는 거대한 산을 넘어야 한다. 좋은 제품이 있더라도 마케팅 과정이 좋아야 성공하듯이, 누군가에게 내 논문의 중요성을 잘 보여주어야 하는 것이다. 대학원생들은 논문을 쓰기 위해서 열심히 달리다가 '중간 발표' 등의 형태로 논문 내용을 발표할 기회를 맞는다. 학위논문을 마친 후에도 어떤 형태로든 학회에 논문을 발표하는 것이 일반적이고, 권장되며, 대부분의 대학에서 이러한 규정을 가지고 있다. 이 같은 규정을 두는 이유는 학생들이 애써 공부해 축적한 결과물이 학위논문을 넘어 학문 사회에 보고되어야 학문 사회가 좀 더 풍부해지고 건강해질 수 있기 때문이다.

대학원을 졸업한 이후에도 학문 사회에 몸을 담든, 그렇지 않든, 사회생활을 하려면 수많은 발표를 해내야 한다. 발표는 부담스럽지만, 내 연구를 많은 사람들에게 알리는 신나고 흥미진진한 자리일 수 있다.

필자는 석사논문 발표장에서 성공하지 못했다고 생각했기 때문에 박사논문 발표 때는 준비를 많이 했다. 스티브 잡스의 발표를 수십 번 보고, 유명한 TED 연사들을 벤치마킹했다. 논문과 상품 모두 발표의 본질은 '내용의 전달'이라는 측면에서 같지만, 학문 사회에서 논문 발표는 상품이 아닌 '연구 성과'를 알리는 것이기 때문에 고민이 필요하다. 이러한 고민의 결과로 얻은 필자 나름의 노하우를 정리해 보았다.

촬영과 녹음을 통해서 발표를 연습한다

지금은 스마트폰 시대이다. 동영상 촬영과 녹음을 하는 것은 손쉬운 일이다. 녹음은 스마트폰을 한두 번 탭을 하면 되고, 동영상 촬영도 거치대만 있으면 혼자 할 수 있다. 당장 거치대가 없다면, 청중 역할을 해줄 동료에게 한 번만 거치대 역할을 해 달라고 부탁할 수도 있다.

필자는 많은 발표장에 서는데, 대체로 발표 내용을 사전에 녹음하거나, 동영상으로 촬영해서 본다. 대학원 학위논문 발표라면 꼭 동영상 촬영까지 해 보기를 권장한다. 촬영된 동영상을 보는 것은 발표하는 자신의 모습을 청중의 입장에서 보고 들을 수 있는 중요한 과정이다. 필자는 촬영된 동영상을 보면서, 의식하지 못하는 사이에 말을 너무 빠르게 한다는 것을 알게 되었다. 발표할 때 긴장하면 몸을 좌우로 흔들흔들하는 습관이 있다는 것도 발견하고 고칠 수 있었다. 이 모든 것은 자신이 청중이 되어 보아야 알 수 있는 것이다.

발표장에서는 발표자의 아주 사소한 잘못된 행동 하나, 잘못된 단어 하나도 청중의 눈과 귀에 정확하게 들어온다. 실수를 줄이기 위해서 자신이 청중이 되어 보아야 한다. 더 잘하기 위해서는 여러 번 촬영하고, 잘못된 습관을 고치면 된다. 사실 발표자가 발표를 더 잘하기 위해서 가장 최고의 방법은 청중 앞에 많이 서는 것이다. 그러나 매번 청중 앞에서 훈련을 할 수 없으니, 발표를 잘하기 위해서는 자신이 청중이 되어 발표자인 자신을 평가할 수밖에 없다. 필자는 이런 조언을 많이 했는데, 실행에 옮기는 사람은 그다지 많이 보지 못했던 것 같다. 확실히 효과가 있으니 중요한 발표를 앞두고 있다면 꼭 한 번쯤 촬영해 보자.

사람들 앞에서 예행연습을 한다

동영상 촬영보다 더 좋은 방법은 사람들, 특히 동료들 앞에서 자신의 연구 결과를 발표하는 것이다. 동영상 촬영과 실전 예행연습의 가장 큰 차이는 청중의 존재 유무이다. 예행연습은 실전과 비슷하면 비슷할수록 좋다. 청중은 많으면 많을수록 좋다. 가급적 날카로운 질문을 여러 사람에게 받아 보는 것이 중요하다.

필자는 대학원 다닐 때 적극적으로 발표 모임을 주도했다. 그래야 동료들과 함께 뭔가 공부할 맛이 나기 때문이다. 공부라는 것이 사실 누가 잘 읽어 보지도 않는 논문과의 씨름인데, 발표를 하는 순간만큼은 얼굴을 보고 상대를 설득해야 하는 교류의 장이 형성된다. 물론 이런 교류의 장이 항상 부드럽게 잘 운영되는 것은 아니다. 서로 불필요한 자존심 싸움으로 번질 때도 있다. 그러나 이 과정을 거치면 분명히 내 연구를 조금 더 객관화해 볼 수 있었다.

발표자나 청중 모두가 지켜야 하는 것은 서로에 대해 처음부터 끝까지 예의를 지켜야 한다는 것이다. 사실 '예행연습'은 교수가 없는 자리이기 때문에 조심해야 한다. 질문자가 날 선 질문을 던져 발표자를 곤란하게 만들기도 한다. 이때 잘못된 질문 방식 때문에 발표자가 마음에 상처를 얻을 수 있다. 마음이 다치지 않도록 질문하는 것도 질문자의 능력이다. 질문자는 자신이 하지 않은 연구를 오랫동안 해온 연구자에 대해 '최소한의 예의'를 갖추어야 한다.

발표자 역시 예의가 필요하다. 발표자는 자신의 예행연습을 위해서 참석해 준 청중들을 존중하는 마음을 가질 필요가 있다. 그리고 날 선 질문이 나오더라도 흥분해서 질문자를 공격해서는 안 된다. 예를 들어, 발표장에서 "이 논문에서 a와 b의 연결고리를 설명하셨는데, c도 영향이 있지 않을까요?"라는 질문을 받을 수 있다. 전형적인 질문 중 하나이다. 이때 "질문자는 왜 c가 관련이 있다고 생각하시죠?"라고 반문한다면 청중들이 다 눈살을 찌푸릴 것이다. "그 점은 제가 충분히 고려하지 못한 것 같습니다." 혹은 "그 부분도 고려해 보았는데, a와 c는 선행연구를 통해서 충분히 밝혀졌기 때문에 저는 a와 b의 관계에 주목했습니다."는 식으로 부드럽게 넘어가면 좋을 것이다. "좋은 질문 감사합니다."와 같은 말도 덧붙이면 좋지 않을까.

대학원생에게 논문 발표는 일종의 '시험(test)'이다. 회사에 입사할 때 면접으로 합격 여부가 결정되는 것처럼 대학원생에게 논문 발표는 그 학생이 얼마나 열심히 준비했는지를 보여 주는 장이다. 질문에 제대로 답하지 못하고 버벅댄다면, 절대로 좋은 평가를 받을 수 없다. 하지만 발표자가 신도 아닌데 모든 질문에 완벽하게 답하기는 불가능하다. 그렇다면 갖가지 질문을 받아야 하는 상황에 어떻게 대처할 것인가?

먼저 예상되는 질문의 목록을 작성한다. 이 논문에 대해 독자들 혹은 청중들이 물어볼 만한 모든 질문을 목록으로 만든다. 논문 발표장에서 무슨 신기방기한 질문이 나올 것 같지만, 논문 발표장을 오랫동안 지켜본 바에 의하면 논문의 발표장에서 나오는 질문은 몇 가지 패턴이 있다.

가장 흔하게 나오는 질문 중 하나는 방법론에 대한 공격이다. 예를 들면, "당신이 사용한 방법론이 연구 질문과 어떻게 연결되어 있는지 잘 모르겠다."는 식의 질문이다. 이와 같은 질문은 연구자의 방법론에 대해 묻는 듯이 보이지만 속뜻은 "연구자가 잘못된 방법을 사용하고 있는 것 같다." 혹은 "연구자의 연구 질문이 방법론에 의해 제대로 연구되지 않은 것 같다."는 말이다. 결국 방법론에 대한 연구자의 설명이 부족한 것이다.

이와 같은 질문에 대답하려면, 연구자는 발표를 하기 전에 이와 같은 예상 질문을 스스로에게 던지고, 현명한 대답이 무엇인지 고민해 봐야 한다. 질문자가 방법론을 공격했을 때, 어떻게 자기 논문의 방법론을 정당화시킬 수 있는지 스스로 답할 수 있어야 하는 것이다.

이러한 질문은 이 논문의 본질이 제대로 된 것인지를 묻고 있기 때문에 연구자에게 매우 중요한 지적인 훈련이기도 하다. 논문 심사장이나 발표회장에서 이 질문이 안 나오는 경우는 극히 드물다. '방법론'에 대한 질문, 혹은 공격은 모든 논문 심사장에서 나온다고 생각하고 준비해야 한다.

설문 조사를 시행한 연구의 경우, "당신의 표본 숫자는 적당한가?"라는 질문이 나올 수도 있다. 쉬운 질문 같지만 여러 사람 앞에서 도대체 무엇을 근거로 이 표본 숫자를 정했는지를 답변하기는 그렇게 쉬운 일이 아니다. 이것을 정당화하기 위해 많은 대학원생들이 쓰는 꼼수 중 하나는 별다른 설명 없이 "선행 연구를 참고했습니다."라고 대답하는 것이다. "어떤 연구는 저의 연구와 거의 흡사한 연구를 수행하기 위하여 200명 정도의 표본을 조사했는데, 저는 표본 오차를 조금 더 줄이고 싶어서 300표본 이상을 조사하였습니다."라는 정도로 근거를 제시할 수 있어야 한다. (표본 크기가 커지면 표본 오차는 줄어든다.)

좀 더 심각한 경우에는 방법론의 적절성을 정면으로 공격하는 경우도 있다. 예를 들어, 연구 질문에 대답하기 위해서는 설문 조사만으로 가능하지 않고, 참여 관찰이나 심층 인터뷰와 같은 질적인 방법이 필요하지 않느냐 하는 제안이다. 또 다른 경우에는, 연구자가 a가 중요하다는 결과가 나올 것이라고 예상했는데 실제로는 a가 중요하지 않다는 결과가 도출되었기 때문에 전면적 재조사가 필요하지 않냐고 하는 비판도 나올 수 있다. 교수들의 눈은 예리하기 때문에 이러한 지적은 결국 심사 때까지 연구의 발목을 잡을 가능성이 크다. 이때는 임기 응변으로 넘어가는 것이 아니라 질문의 요체를 정확하게 인지하고 적절한 답을 하는 것이 중요하다. 최악의 경우에는 "이 질문에 대한 대답은 이 자리에서는 가능할 것 같지 않고, 추후 연구를 통해서 심사장에서 보완할 수 있도록 하겠습니다."라는 답을 해야 할 경우도 있을 수 있다. 이 경우, 불명확하게 대답하는 것보다 연구의 한계를 솔직하게 인정하는 것이 낫다.

질문에 대비하기 위해서 논문을 준비하는 단계에서는 선후배를 찾아다니면서 자신의 연구가 가진 문제점이나 한계에 대해서 상의하는 것도 중요하다. 자신이 생각하지 못했던 질문을 다른 사람들이 생각해 주는 경우도 없지 않기 때문이다.

이때 중요한 것이 있다. 동료 연구자도 바쁘기 때문에 그냥 쫓아가서 부탁만 해서는 곤란하다. "감사하다, 큰 도움이 되었다."는 말은 물론, 나중에 그 사람이 도움을 필요로 할 때 나도 돕겠다는 마음을 가질 필요가 있다. 남의 연구를 읽고 코멘트해 주는 것은 시간을 내서 정성스럽게 글을 읽어야 할 수 있는 일이다. 다른 사람의 호의를 당연하다고 생각하지 말고 끝까지 예의를 갖추는 것이 중요하다.

혹여, 식상한 반론이나 질문을 듣더라도 곧바로 재반론하지 말라고 권하고 싶다. 식상한 반론을 들으면 연구자 입장에서는 "이건 너무 초보적인 질문인데?"라고 생각할 수 있다. 그렇지만 해당 연구자가 아닌 사람은 그 연구 주제에 큰 관심을 두지 않는 것이 당연하지 않을까. 뻔해 보이는 질문이라 해도 연구자는 경청하는 자세를 가지는 것이 중요하다. 10개의 불필요한 코멘트를 하더라도, 그중 한 마디가 연구에 크게 도움되는 경우도 있다. 뮤즈는 그냥 찾아오지 않는다. 상대방의 이야기를 경청할 때, 그 사람의 이야기를 통해 당신에게 뮤즈가 찾아올 가능성이 생긴다.

현명한 연구자라면, "내 연구에 대해서 사람들이 이렇게 생각하는구나."라는 것을 빨리 깨닫고, "이와 같은 질문을 할 때 나는 심사장에서 무엇이라고 대답할까?"라고 전략을 짤 것이다. "왜 사람들이 내 연구의 가치를 알아보지 못할까?"라며 조금은 억울하겠지만, 그 순간에 반론하기보다 차분히 그 식상한 질문에 대해서 생각할 시간을 가지는 편이 현명하다.

발표문의 첫 1분은 토씨 하나 빼놓지 말고 완벽하게 외운다

필자 역시 발표에서 망한 적이 있고, 망한 발표도 여러 차례 보았다. 수많은 발표를 보며 느낀 것은, 발표의 성패는 첫 1~2분 안에 결정된다는 것이다. 발표의 에너지가 100이라고 한다면, 95는 첫 1분에 쏟을 것을 권장하고 싶다. 잘 시작된 발표가 중간에 망하는 경우는 있지만, 잘 시작되지 않은 발표가 좋은 발표가 되는 경우는 없다. 잘 시작된 발표만이 좋은 발표가 될 가능성이 있다.

필자는 발표자로 수없이 연단에 섰는데, 특히 학술 발표를 하기 전 한국 청중들은 대부분 고개를 처박고 프린트물을 보기 바쁘다. 발표자가 무슨 이야기를 하는지 관심을 갖고 듣는 사람이 거의 없다. 좋은 발표자는 많은 사람들의 프린트물에 박힌 눈길을 발표자 자신에게 돌리게 하고 발표자의 이야기를 듣게 만들고야 만다. 발표가 끝날 때 청중 대부분이 발표자를 보고 있다면 절반 이상은 성공한 발표이다. 이 발표는 들을 가치가 있었다고 청중이 눈빛으로 말해 주는 셈이기 때문이다. 반면 청중의 대부분이 프린트물에서 눈을 떼지 않았다면, 발표자가 제대로 전달을 하지 못했을 가능성이 크다. 이때는 날 선 질문이 들어올 것이라고 생각하고 마음의 준비를 해야 한다.

발표의 성패는 첫 1분에서 결정된다. 발표자의 외모, 발표자의 음성, 발표자의 자신감, 발표자의 태도, 발표자의 언어 구사력 등 모든 평가 요소를 판단하는데 청중은 1분 이상 쓰지 않으며, 1분 안에 얻은 이미지로 나머지 발표를 평가한다. 첫 1분에서 버벅댄다면 그 발표는 망한 것이나 다름없다. 그래서 필자는 모든 발표를 준비할 때 첫 1분만큼은 모든 멘트를 완벽하게 외워서 연습한다.

대학원생 때 발표는 보통 "△△△ 연구라는 제목으로 논문을 발표하게 된 석사 과정 ***입니다."라는 말로 출발한다. 자다가 일어나서 이 말을 하더라도 토씨 하나 틀리지 않고 외울 정도가 되어야 한다. 연구자가 상당한 연구를 진행했어도 그것을 말로 해 본 경험이 없어서 발표를 잘못하는 경우도 많다. 연구의 내용은 글 속에서, 생각 속에서만 맴도는 것이 아니라, 자주 입 밖으로 소리 내어 말해 봐야 하며, 발표장에서 개념을 자연스럽게 구사할 수 있어야 한다. 제목을 완벽하게 소리 내어 읽는 연습에서 출발하라. 시간이 된다면 수십 번, 수백 번 시작 멘트를 연습한다. 이렇게만 해도 자기 연구의 의미에 대해서 스스로 생각하게 되고, 자신감을 갖게 될 것이다. 제목을 소리 내 말하는 음성을 들으면, 그것을 몇 번이나 발화(發話)했는지, 저 사람의 입에 저 개념이 자연스럽게 붙어 있는지 알 수 있다.

발표 첫 1분의 중요성! 노래의 첫 소절이 노래 전반을 좌우하듯, 첫인상이 그 사람에 대한 호감도를 결정하듯, 발표의 첫 1분은 발표의 성패를 가른다. 아래의 문장은 석박사학위 청구 논문 발표 때 단골로 등장하는 말이므로 참고용으로 알아 두자.

> 안녕하세요. 저는 이번에 석사논문을 발표하게 된 ***입니다. 제 논문의 제목은 △△△입니다. 제가 이 주제에 호기심을 가지게 된 동기는 ~입니다. 연구 질문을 다음과 같이 설정하였습니다. (중략) 연구의 결과는 다음과 같습니다.

현장에서 있었던 상황을 완벽하게 복기한다

중간 발표는 결국 심사를 위한 단계이다. 발표를 하는 이유 중 하나는 심사장에서 나올 질문에 대해 대비하기 위해서이다. 발표장에서 나왔던 질문은 심사장에서도 그대로 나올 가능성이 높으며, 발표장은 심사장에서 나오게 될 비판과 질문을 미리 접하는 장소이다.

발표장에서 나온 질문을 정확하게 이해하고, 기록하여 그것을 극복하는 것이 발표자가 할 일이다. 발표자가 기록할 것은 질문의 '요지'만은 아니다. 발표자는 거의 모든 것을 완벽하게 복기해 볼 필요가 있다. 내 발표의 톤, 청중의 반응, 질문의 순서, 가장 대답하기 어려웠던 질문,

발표가 끝난 다음 청중의 표정 등등. 이 모든 것은 장기적으로 다음 발표를 위한 준비이기도 하지만, 단기적으로는 곧 다가올 심사에 고려할 단서들이다. 발표의 어떤 부분을 이야기할 때 청중들이 고개를 갸우뚱했다면, 그 작은 단서를 놓쳐서는 안 된다. 자신이 연구 내용을 설명할 동안 청중들이 보여 주는 반응을 정확하게 기억하라.

발표자가 받는 질문 역시 마찬가지이다. 질문의 요지만 기억할 것이 아니라 질문자의 신분－교수인가, 학생인가－, 질문자가 말하는 톤, 질문의 순서 등을 정확하게 떠올려 볼 필요가 있다. 가장 좋은 방법은 역시 촬영과 녹음이지만, 사전에 모든 사람의 동의를 얻지 않는 이상 불가능하다. 그다음으로 좋은 방법은 최소 2명 이상에게 자신의 발표장에서 나온 질문을 메모해 달라고 부탁하는 것이다. 그래서 두 메모를 비교하면서 발표장의 상황을 복기하면 어느 정도 발표에서 얻어 낼 것들을 취할 수 있다.

지나간 것은 돌이킬 수 없다. 그럼에도 불구하고 발표장에서 일어난 상황을 복기하는 것은 상황을 진지하게 곱씹으며, 가급적이면 많은 정보를 통해 정확하게 분석하고, 그것을 극복할 전략을 짜는 데 필요하기 때문이다.

논문도 그렇지만, 발표의 본질은 소통이다. 논문의 내용을 제한된 시간에 여러 사람에게 정확하게 전달하면서도, 어떻게 사람들의 흥미를 이끌어 낼 것인가가 중요한 과제이다. 발표는 부담스러운 자리이지만, 어쩌면 발표자의 연구를 뽐낼 수 있는 곳이기도 하다. 발표 전까지는 철저하게 준비하되 발표를 시작할 때만큼은 "자, 이제 내가 준비한 것을 보여 줄 때가 되었네."라고 하면서 스스로에게 힘을 주는 것도 필요하다. 발표자의 에너지는 의외로 청중에게 정확하게 전달된다.

마지막 관문: 논문 심사

대학원에 다닐 때 '논문 심사'라는 말은 무시무시하게 들린다. 발표는 여러 사람 앞에서 자신의 기량을 뽐내는 측면도 있지만, 논문 심사는 골방에 들어가 다수의 심사 위원에게 자신의 논문을 평가당하는 과정이기 때문이다. 그래서 대학원생들은 "집단 구타를 당하러 간다.", "알몸으로 서 있는 것 같다."는 등의 비유도 한다.

'심사'는 논문 완성에 꼭 필요한 과정이며, 석박사를 졸업하기 위해서 누구나 거쳐야 할 통과 의례이다. 또 심사 위원은 가끔 학생에게 눈물이 찔끔 날 정도로 무서운 모습을 보일 때도 있지만, 학생의 논문의 완성도를 높여줄 수 있는 소중한 분들이다. 그러나 논문 심사장에서 심사자로 자리한 사람은 결코 만만한 사람이 아니다. 자신이 생각하는 자신의 논문의 약점은 물론, 어떤 경우에는 자신이 생각하지 못했던 논문의 약점까지 들춰내고, 이런 것까지 보았나 싶을 정도로 오탈자와 수정할 것들을 알려준다. 말하자면 심사자란 연구자의 얼굴을 가장 면저 화끈거리게 하는 사람이다.

필자의 심사도 파란만장했다. 석사 때는 학과에서는 매우 드물게 '심사 후 재심' 평가를 받아서 논문 심사를 2번 받았다. 한 번은 심사장에 볼펜을 갖고 가지 않아 심사 위원들의 따가운 눈초리를 받았다. 나중에 한 교수님이 인자한 표정으로 볼펜을 건네주어 위기를 간신히(!) 넘겼다. 석박사 논문을 완성한 사람 중 이런 아찔했던 순간이 없는 사람도 드물 것이다. 지금은 우스개로 넘어가지만, 그런 일이 없었다면 좋았을 것이다.

대학원 생활 중 심사와 관련한 정보를 얻을 곳이 딱히 없었다. 논문 심사 때가 되면, 학생들은 어떻게 행동해야 할지 몰라 조언자를 찾아다녔다. 그러나 조언자 중 누구도 논문의 심사는 무엇이고, 그것이 어떤 의미를 가지며, 어떤 것들을 빼놓지 말고 준비하라고 이야기해 주지 않았다. 필자는 논문 심사를 받고, 또 주변 사람들이 논문 심사 받는 이야기를 듣고, 나중에 학술지 논문 심사까지 받고서야 논문 심사의 의미에 대해 다시 생각하게 되었다. 먼저 경험한 사람으로서 몇 가지 이야기를 들려주고 싶다.

논문 심사란 구술시험이다

학위논문 심사는 구술시험의 성격이 강하다. 전문 학자가 되기 위한 '박사 자격증 코스'의 마지막 관문이라고 할 수 있다. 학술논문을 작성하고 설명할 수 있는 능력, 자신의 논문에 대한 애정과 관심, 논리적 방어 능력, 구술 능력 등 여러 가지가 평가된다.

심사 때에는 작은 행동도, 말하는 태도에도 주의를 기울여야 한다. 그런데 도대체 어떤 '태도'를 보여야 하는 걸까? 필자는 기업에서 많은 지원자들의 이력서를 검토하고, 평가자로서 면접에 참여할 기회가 있었다. 기업의 면접에 온 지원자들은 자신을 '예의 바른 사람'으로 보이기 위해 필사적으로 온 힘을 다하고 있었다. 그러나 수많은 지원자를 평가하는 인사 담당자가 바라는 것은 '공손한 태도'가 아니었다. 인사 담당자는 지원자가 어떤 장점을 갖고 있고, 그 장점이 회사에 쓸모가 있는지를 알아내려고 애를 쓴다. 어떤 지원자는 소극적인 나머지 자신이 어떤 장점을 가졌는지 말도 못하고, 어떤 지원자는 자신의 능력을 과도하게 포장했다. 장단점이 있겠지만, 심사자로서는 후자에 눈길이 더 갈 수밖에 없다.

기업의 면접과 학위논문 심사장은 전혀 다른 것처럼 보이지만, '구술시험'이라는 점에서 유사하다. 구술시험 즉 면접에서는 '적극적'으로 자신의 장점을 드러내야 한다. 분명한 것은 소극적이고 수동적으로 심사에 임해서는 결코 좋은 결과를 기대할 수 없다는 것이다. 심사를 받는 사람은 예의 바른 태도로 심사에 임하면서도, 필요할 때 '적극적으로' 방어 논리를 제시할 수 있어야 한다.

논문은 결국 글로 말하는 장르이다. 아무리 말을 잘하고 태도가 좋아도 논문의 품질이 좋지 않으면 아무 소용이 없다. 반론 한 번 제대로 하지 못하고 비판만 듣고 내려오는 경우도 있을 것이다. 정말 호된 비판이 비수처럼 날아올 수도 있다. 드문 경우지만, 논문 자체가 훌륭하다면 말솜씨는 중요하지 않은 경우도 종종 있다. 학계는 말을 잘하는 사람보다 글을 잘 쓰는 사람에게 유리한 리그이다. 글에 자신 있다면, 그 자리에서 순발력 있게 대처하지 못했다 해도 너무 기죽지 않아도 된다.

간단한 논문 소개를 준비하라

학교마다 다르겠지만, 보통 석사논문의 심사는 심사 위원 3명이 참석하고, 박사논문의 심사는 심사 위원 5명이 참석한다. 이 중 1명은 심사 위원장 역할을 수행하여 심사 과정의 사회를 보게 된다. 연구자의 지도교수는 당연히 심사 위원 중의 하나이지만, 심사 위원장은 다른 심사 위원이 맡는 경우가 많다.

심사는 예고된 절차에 따라 진행된다. 먼저 대학원생에게 자신의 논문을 간단히 설명할 시간을 준다. 어쩌면 1시간 남짓한 심사에서 본인이 말할 수 있는 마지막 기회일지도 모르니 잘 준비해야 한다. 논문 심사장의 심사 위원들은 논문을 꼼꼼하게 다 읽고 들어왔다. 그러니 논문을 구구절절 설명하는 것은 의미가 없다. 짤막하게 자신의 연구 결과를 설명하고, 연구 결과가 가진 의의나 한계를 인상적으로 설명하는 것이 좋다. 지나치게 비유적이나 장황한 설명은 과욕이다. 학계는 아직도 전통적인 사회이다. 사람이 가볍다는 느낌을 주면 마이너스이다.

자기 논문을 설명할 때 중요한 것은 의도치 않게, 혹은 의도적으로 잘난 척한다는 인상을 주지 않는 것이다. 자신의 연구가 "어느 분야에서 처음으로 시도된 연구"라고 설명하는 경우가 대표적이다. 또 "어느 분야는 연구가 하나도 안 되어 있다."고 말하거나, "어떤 연구는 한물갔다."는 뉘앙스로 말해서는 안된다. 심사 위원 중 누군가는 당신이 비판한 그 분야의 전문가일 수도 있고, 당신이 읽어보지 못한 참고 문헌을 직접 제시하면서 "이 논문도 읽어보지 않고 그런 말을 하느냐?"고 힐난할 수도 있다. 세상은 넓고 당신이 모르는 참고 문헌은 많다.

당신의 논문 소개가 끝나면, 심사 위원들은 당신을 신랄하게 비판할 만반의 준비가 되어 있다. 당신이 어휘 선택을 잘못하거나 오만한 태도를 보인다면, 비판의 칼날은 더욱 예리해질 것이고, 비판의 시간은 조금 더 길어질 것이다.

심사 위원을 파악하라

심사 위원을 파악해야 할 중요한 이유는 심사 위원을 당신의 조력자로 만들기 위해서이다. 드문 경우지만, 심사 위원이 당신의 원고를 '싫어하게' 되는 순간 아주 골치 아픈 일들이 발생한다. 자신의 원고를 싫어하는 심사 위원을 마주해야 한다는 것부터 이미 골치가 아픈 일이다.

심사 위원이 평가하는 것은 논문이기 때문에 심사 위원에게 잘 보이려면 먼저 좋은 원고를 가져다주는 것이 우선이다. 그러나 '좋은' 원고가 무엇인지 명확하지도 않고, 좋은 원고라 하더라도 심사 위원은 당신의 원고를 싫어할 수 있다. 원고 내용이 심사 위원의 생각과 다를 수도 있고, 당신이라는 사람을 평소 탐탁치 않게 생각했을 수도 있다. 심사 위원을 파악하는 것은 당신의 논문 통과 여부를 결정할 때 닥칠 어려움을 극복하는 데 필요하다.

그러면 심사 위원을 어떻게 파악할 것인가? 심사 위원의 학문적 관심사나 최근 동향을 살펴볼 수 있다. 드문 경우이지만, 심사 위원의 정치적 성향을 아는 것도 도움이 된다. 정치나 종교는 매우 예민한 부분이라서 자신도 모르게 상대방의 심기를 건드릴 수 있다. 미리 알고 대처하자.

심사 위원을 미리 만나서 대화를 나눠 보는 것은 아주 중요하다. 필자는 석사논문 심사 위원들을 마냥 어렵게 생각해서 찾아가 대화를 나누지 못했다. 나중에 생각하니 뭐가 그리 어려운 일이라고 피했을까 하는 생각이 들었다. 그래서 박사논문을 쓸 때는 심사 위원을 종종 찾아가서 대화를 나누곤 하였다. 그래서인지 몰라도 박사논문 심사는 조금은 더 부드럽게 진행되었던 것 같다.

썩 좋아하지 않는 방향의 논문을 쓴 사람이라도 자신에게 조언을 구하러 찾아왔을 때 스르르 마음이 녹기도 한다. 교수들은 대개 자신을 방문할 수 있는 시간, 오피스 아워를 공개하기도 한다. 미리 연락을 하고 방문하되 오피스 아워에 맞춰 방문하면 결례가 되지 않을 것이다. 그렇게 찾아뵙고 조언을 구한 심사 위원이 논문에 정말 귀중한 조언을 해주기도 한다.

한국의 학생들은 자신이 심사 위원과 권력상 비대칭의 관계라는 것을 잘 안다. 그래서 때로는 심사 위원의 생각이 자신의 생각과 달라도, 또는 자신의 논문을 잘 이해하지 못한 상태에서 "논문의 구조를 수정했으면 좋겠다."고 말을 해도 일단 "Yes."를 외친다. 이런 경우 큰 문제가 생길 수 있다. 대학원생 스스로 동의하지 못하는 논문 방향으로 논문을 수정하느라 고생을 할 것이고, 고생하는 과정에서 심사 위원의 지적이 자신의 논문 방향과 어긋난다는 것을 지속적으로 상기하게 된다.

심사 위원이 모든 경우에 학생보다 바람직한 의견을 제시할 수 있는 것은 아니다. 그러므로 대학원생은 때로는 "아니오."라고 말할 수 있어야 한다. 그러기 위해서는 먼저 자신의 논문의 취지와 내용을 분명히 이해하고 명료하게 전달해야 하며, 심사 위원의 코멘트를 집중해서 들어 말하는 의도를 정확하게 파악해야 한다. 자신의 생각과 분명히 다른 점이 있다면 기회를 봐서 꼭 아니라는 의사 표시를 해야 한다. "Yes."라는 표현에 익숙해진 학생들에게는 너무나 어려운 일이기도 하다.

"아니오."라고 말하기 힘들다면 다른 표현으로 말할 수도 있다. 필자의 경우 할 말이 있으면 기회를 봐서 이렇게 말한다. "제가 꼭 한 가지만 말씀드리고 싶은 것이 있습니다."라고 집중을 시킨 후 말한다. 기회는 많지 않다. 심사 위원들이 하는 모든 말에 "그건 아닌데요."라는 식으로 말하면, 논문 통과 자체가 불가능해질 수 있다. 그러나 정말 자기 생각과 어긋나는 부분이 있다면 한 번은 에네르기파를 쏘듯 기를 모아서 반론을 준비해야 한다. 할 말을 정리하고 기회를 봐서 "한 가지 말씀은 꼭 드리고 싶습니다." 카드를 쓴다면 여러분의 의견이 관철될 수도 있다.

주의할 점은 논문 심사가 자유로운 토론의 장이 될 것이라고 기대하지 말라는 것이다. 논문 심사는 생각보다 엄숙한 자리이며, 연구자들이 자신의 소중한 견해를 드러내는 자리이기 때문에 격식과 예의가 필요하다. 웃고 떠들고 자유롭게 생각을 주고받는 자리가 아니다.

논문을 쓰는 것은 외롭고 고된 일이지만, 어찌 보면 심사 위원이라는 조력자들이 당신의 논문을 완성할 수 있게 옆에서 자극을 주고 있기도 하다. 고로 심사 위원을 존중하되, 매번 "Yes."라고 하겠다는 자세는 위험하다. 합리적인 이유를 대서 상대방을 설득할 능력도 심사 과정에서 검증되는 중요한 능력의 하나이기도 하다.

수정 대차대조표를 작성하라

자, 이제 여러분은 논문 심사를 마쳤다. 이제부터 여러분이 할 일은 논문을 수정하고 또 수정하는 일이다. 100페이지가 넘는 원고 수정 작업은 막노동에 가깝다. 표 번호 매기기부터 페이지 번호, 목차, 참고 문헌이 매번 바뀐다. 표와 그림이 들어가면 문서 용량이 엄청나게 커져서 컴퓨터 앞에서 한숨을 쉬며 파일이 열리기를 기다리는 경우도 많다. 원고를 낼 때쯤 되면 파일이 열리는 것조차 만만치 않다고, 쉬운 게 하나도 없다고 푸념하게 마련이다.

심사를 마친 여러분의 임무는 성실하게, 그리고 완벽에 가깝게 수정하고 또 수정하는 것이다. 정말 지루한 작업이다. 그러나 논문에서 필수적인 작업이기도 하다. 본인들이 이렇게 지루하고 고된 작업을 하는 도중에 교수들은 다른 중요한 업무를 하고 있다. 소중한 지적을 해준 심사 위원에게 여러분이 보여 줄 것은 "내가 교수님 조언 덕분에 이 부분을 잘 바꿀 수 있었습니다."라는 증거를 내는 것이다. 이것이 바로 '수정 대차대조표'의 역할이다. 수정 대차대조표란 자신이 논문을 어떻게 수정했는지를 보여 주는 표이다. 이런 보고 양식은 회사에서 상사에게 현재 업무가 어떻게 진행되고 있는지를 깔끔하게 보고하는 문서 양식과 비슷하다.

심사 위원	지적 사항	수정 전	수정 후
고길동	문장의 길이가 너무 길다.	(18~19페이지) 자아 존중감과 자기 효능감의 차이를 문헌을 통해서 발견하는 것은 어려운 일이며, 실증적 연구를 통해서만 그 차이를 발견할 수 있다.	(18페이지) 자아 존중감과 자기 효능감의 차이는 문헌을 통해 발견하기 어렵다. 그 차이는 실증적 연구를 통해 밝힐 필요가 있다.
도우너			
김둘리			

_ 수정 대차대조표 _

수정 대차대조표는 기본적으로 위 양식을 따른다. 누가(어떤 심사 위원이) 무엇을(지적 사항) 어디에서 지적했고(수정 전), 어떻게 수정했는지(수정 후) 명확하게 드러나야 한다. 문서를 깔끔하게 작성해서, 심사 위원의 어떤 지적을 받아 원고가 어떻게 개선되었는지를 정확하게 알려주어야 한다. 심사 위원은 자신이 한 지적을 명확하게 기억한다. 고로, 심사 위원의 지적을 하나라도 놓치지 않도록 유의할 필요가 있다.

때로는 심사 위원이 10개를 지적했고, 학생이 9개를 개선했는데 심사 위원은 학생이 신경 쓰지 않은 1개를 가장 중요하게 생각할 수 있다. 놀랍게도, 정말 빈번하게 일어나는 일이다. 고생해서 원고를 개선했는데, "왜 내가 지적한 중요한 지적 사항을 반영하지 않았나?"라는 힐난을 들으면 참담하기가 이루 말할 수 없다. 이런 비극을 피하기 위해서 필요한 것은 심사 위원의 지적 사항을 정확하게 이해하고 꼼꼼하게 반영하는 것이다. 꼼꼼하게 반영하기 위해 심사 위원의 이야기를 정확하게 알아듣고 반영하려는 의지와 노력이 필요하다.

수정 대차대조표를 작성할 때 문장은 반드시 정확해야 한다. 수정 대차대조표를 다음과 같이 작성했다 하자.

> 심사 위원 A께서는 원고에서 참고 문헌 표기에 오류가 많다는 지적을 해 주셨습니다. 지적에 감사드리며, 지적한 내용을 모두 수정하였습니다.

이처럼 정확하지 않은 몇 문장으로 지적 사항을 반영했다는 시늉만 한다면, 심사 위원은 불쾌감을 느낄지도 모른다. 구체적으로 본인이 무엇을 어떻게 고쳤는지를 알려준다면 연구자로서 보다 신뢰를 쌓을 수 있을 것이다. 이 작업은 귀찮은 일이다. 연구자는 이 과정을 대충 처리하고 싶은 욕망이 생긴다. 하지만 이 과정은 충분히 가치가 있는 일이다. 마지막까지 성실하게 수정 대차대조표를 작성하여 연구자의 신뢰를 지키라고 권하고 싶다.

대학원에서
살아남는
레시피

박사를 받아도
끝이 아니다

Chapter

01

박사학위를 받으면 벌어질 일들

이 책을 읽고 있는 여러분이 박사과정을 졸업했다면, 먼저 축하를 전하고 싶다. 이제 한 명의 어엿한 연구자로 활동할 수 있는 라이선스를 받았다. 박사학위가 있어야 지원할 수 있는 전문 연구직에도 당당히 지원할 수 있는 자격을 갖춘 것이다.

막 박사학위를 받은 여러분은 아직도 머리가 뜨끈뜨끈할 것이다. 박사 논문을 쓰면서 자신의 논리를 개발하고, 다른 사람들에게 수차례 자신의 논리를 설득시켰을 터이니 자신의 논문 내용도 아주 선명하게 기억하고 있을 것이다. 게다가 갓 졸업한 박사로서 "저 사람이 뭘 할 수 있을까?"하는 주변의 기대와 우려(!)도 한 몸에 받게 될 것이다.

이 책을 읽는 여러분이 석사과정이거나 대학원을 준비하고 있는 사람이라도 이 부분을 일독하기를 권한다. 대학원 생활의 종착역인 박사학위를 마치고 나서 어떤 일이 벌어질지 미리 알고 준비하는 것이 필요하리라고 생각하기 때문이다.

박사 이후에도 삶은 계속된다. 필자는 대학원을 다니면서 졸업 이후의 취직이나 진로에 대해서 그리 많은 관심을 두지 않았다. "실력을 갖추고 졸업을 하고 나면 어딘가 가서 일할 곳이 있겠지."라고 막연하게 생각했다. 물론, 박사를 졸업하자마자 취직하는 사람도 있다, 분명히.

통계에 따르면 매년 1만 6,000명 정도의 박사학위 취득자가 시장에 쏟아져 나온다. 이 중에는 직장이 있는 상태에서 박사학위를 받은 사람도 있을 것이다. 그러나 박사학위를 받고 직장을 잡아야 하는 사람들의 숫자도 많다. 매 학기 말이 되면, 대학원 졸업생들의 진로 고민 상담이 각종 커뮤니티에 쏟아진다. "두 군데 다 합격했는데, 어디로 가야하나요?"라고 묻는 행복한 고민도 있지만 "다 떨어지고, 다음 학기에 또 도전해 보려고 합니다."라는 글이 압도적으로 많다.

필자는 현재 연구 기관에 재직하고 있는데, 지리학 전공으로 가는 일반적인 코스는 아니다. 필자가 밟은 코스가 모든 사람에게 적용될 수는 없다. 그러나 여러분보다 먼저 고민을 했던 사람으로서 여러분이 박사학위를 취득한 후, 이 장을 꼭 읽었으면 좋겠다. 여러분이 원하는 연구직에 갈 수 있을지 없을지가 바로 이 시기에 결정되기 때문이다. 이 시기에 대학원 못지않게 많은 선택지가 있으며, 이때의 행보가 여러분의 다음 커리어를 결정할 수 있기 때문에 신중할 필요가 있다.

박사 후 커리어를 생각할 때 가장 먼저 결정할 것은 여러분이 어떤 트랙으로 가고 싶은가 하는 점이다. 대학원을 졸업할 때쯤 되면 이제 긴 대학원 생활을 했기 때문에 학계가 어떻게 돌아가는지에 대한 정보가 쌓였을 것이다. 그렇다면, 자신이 최종 목표로 교수를 선택할 것인지 아닌지를 먼저 결정할 필요가 있다. 교수 트랙과 비교수 트랙은 준비해야 할 것들과 해야 할 일이 다르기 때문이다. 비교수 중에서도 정부 출연 연구소를 비롯한 공공 연구 기관으로 갈 것인지, 아니면 민간 연구소나 민간 회사로 갈 것인지를 선택할 수 있다. 그리고 독립 연구자로 살아가는 방법도 있다. 사실 독립 연구자라고 하면 조금 이상하게 보일지 모르지만, 정치 평론가, 철학 연구자, 프리랜서 작가, 프리랜서 강연자 등 독립 연구자로서 선택할 수 있는 옵션도 꽤 많다. 하나씩 짚어 보기로 한다.

◎ 교수를 지향한다면

교수 트랙으로 가려고 하는 사람들에게 가장 중요한 것이 논문 실적이다. 국내 학술지보다 해외 학술지에 논문을 쓰는 것이 좋고, 해외 학술지도 인용 지수가 높은 좋은 학술지에 논문을 많이 게재할수록 유리하다. 대학의 연구 실적 평가는 논문으로 결정된다. 대학 당국에서 교수를 임용할 때 이 사람이 얼마나 대학에서 실적을 만들 수 있는지에 관심을 둔다. 그래서 국내 학술지보다 평가 점수가 더 높은 해외 학술지에 논문을 많이 게재하리라 기대되는 해외 박사들을 국내 박사들보다 선호한다. 국내 박사라고 해서 교수 임용이 불가능한 것은 아니지만, 해외 박사들에 비해서는 경쟁력이 떨어진다는 슬픈 결론이 도출된다.

이와 같은 이유 때문에 교수 트랙으로 가고 싶은 국내 대학 학위자들은 해외 대학의 포닥(포스트 닥터post doctor, 정식 교원이 아닌 박사후 연구원)을 알아보는 것이 방법일 수 있다. 포닥 중에도 제법 괜찮은 급여를 주는 기회도 있으니 잘 알아보면 좋을 것 같다. 기회는 분명 있지만, 이과 박사에 비해서 문과 박사는 선택지가 좁다.

해외 포닥이 어렵다면 국내 포닥을 알아본다. 해외와 마찬가지로 국내에서도 박사학위를 마친 신규 박사들에게 연구 기회를 보장하는 포닥 기회를 제공하는 연구실이 있다. 포닥의 장점은 어느 정도 연구의 기회를 보장하면서도 월급을 준다는 점이다. 물론 그 월급이 정규 직장에 비해서 만족스러운 수준은 아니다. 단점은 연구실 분위기에 따라 주어지는 연구나 업무량이 자신의 기대에 어긋날 수 있다는 점이다. 대학원을 선택할 때처럼 연구실 분위기를 미리 파악하고 지원할 것을 추천한다.

대학원을 졸업한 뒤 최종 목표가 교수이고, 여러분에게 경제적 여유가 있다면, 취직하고 싶은 마음을 잠시 접는 것도 방법일 수 있다. 박사학위를 갓 마친 여러분은 논문을 쓰기 좋은 가장 상태이다. 그동안 배웠던 것도 머릿속에 남아있고, 글 쓰는 훈련도 어느 정도 되어 있다. 교수에 베팅을 할 생각이라면, 최소 1~2년 정도는 논문을 쓰는 것에 주력하라고 권하고 싶다.

교수를 목표로 한다면 주로 '연구'와 관련된 커리어를 쌓으며 자신의 논문 편수를 꾸준히 늘릴 만큼 진득하게 시간 투자를 해야 한다. 다른 일을 하지 않고 논문을 쓰는 것은 일종의 기회비용이다.

교수 트랙으로 가려면 학회에 당신을 알리는 것도 중요하다. 당신이 어떤 연구를 하고 있는 사람인지, 얼마나 열심히 하는 사람인지 다른 사람들에게 알릴 필요가 있다. 특히 현직 교수들에게 좋은 인상을 심어주는 것은 대단히 중요하다.

박사학위 취득자 중에서 자신의 강의에 대해 크게 자부심을 느끼는 사람들이 있다. 그런데 대학교 교원 임용에 관련한 커뮤니티의 이야기를 들어보면, 이구동성으로 신규 교원 임용에서 '강의력'은 가장 중요한 요인이 절대 아니라고 말한다. 커뮤니티에는 교원 임용 절차를 밟는 과정에서 "시강(시범 강의)이 얼마나 중요한 비율을 차지하나요?"라는 질문이 자주 올라오는데, 현직 교원이라고 밝힌 대부분의 사람들은 "시강은 그다지 중요치 않다."고 말한다. 대학에서는 강의력이 뛰어난 사람보다 기존 교수진들과 잘 어울리면서 실적을 많이 낼 수 있는 인재를 원한다고 한다. 쉽게 말하면, 논문 실적이 충분해야 하고, '모나지 않은' 성격이 유리하다는 것이다.

강의력에 자신이 있는 사람은 논문 실적보다는 강의하는 것에 많은 에너지를 쓰게 된다. 실제로 강의 1~2개에 들어가는 에너지는 상상을 초월한다. 커리큘럼 준비하고, 숙제 내고, 중간고사와 기말고사 문제를 내고, 채점하고, 성적 주고, 컴플레인 대응하다 보면 한 학기가 어떻게 가는 줄 모르게 지나간다. 게다가 강의 자리가 꼭 특정 지역에 몰려 있는 것도 아니다. 상당한 시간을 길 위에서 지내야 하는 것이다. 시간강사는 보따리 장수라는 말도 있는 것처럼, 강의에 집중할수록 여러분의 제한된 시간과 에너지가 거기에 소모된다는 점을 꼭 기억하자.

교수를 지향한다면 1) 논문 실적을 쌓고 2) 학회에 열심히 다니고 3) 기회가 될 때는 지원한다는 원칙을 지키라. 아무리 논문 실적을 쌓고, 학회에 열심히 다녀도 교수 임용에 지원을 하지 않으면 기회가 없음은 물론이다. 지원 한 번에 교수 임용에 성공하는 경우는 당연히 없다. 커뮤니티에서 많은 교원들이 이구동성으로 하는 말이, 결국 도전하고 또 도전하는 사람이 교수가 되더라는 이야기이다. 갈수록 문이 좁아지고 있지만, 결코 불가능한 도전은 아니다. 꾸준히 도전해야 한다. 기회는 의외로 빨리 올 수도 있다.

◎ 연구 기관

대학원에 진학할 정도로 공부를 좋아하고, 또 박사학위를 받을 정도로 열심히 공부한 사람이라면 당연히 교수에 대한 꿈을 가졌을 것이다. 대학원에서 공부하다 보면 대학원 졸업하고 다 교수가 되는 것도 아니고, 세상에는 생각보다 여러 진로가 있다는 점을 알게 될 것이다.

슬픈 사실은 자신의 전공에 맞는 자리는 매우 제한되어 있으며, 그 제한된 자리 역시 노리는 사람이 많다는 점이다. 학교 다닐 때는 그 학생이 어느 전공이라 하더라도 어슷비슷해 보이지만, 대학원을 졸업하고 취업 시장에 나가면 전공의 중요성을 알게 된다. 자기가 아무리 그 분야에서 재능 있는 연구자라 하더라도 남는 자리가 없다면, 여러분은 재능을 펼칠 기회 자체를 얻지 못하게 된다.

문과 중에서는 그나마 상경계가 조금은 더 유리하다고 할 수 있다. 상경계 중에서도 경제학보다는 경영학이 조금 더 운신의 폭이 넓고, 경영학 중에서도 회계나 재무 전공이 인기가 좋다. 물론 회계학이나 재무 전공을 원하는 직장은 연구자가 아니라 실무자를 원할 가능성이 높고, 그럴 경우에 회계 전공자는 공인 회계사와 경쟁 관계에 놓일 수도 있다. 어쨌든, 문과 중 상경계가 조금은 유리하고, 비상경계는 취업의 문이 좁기 때문에 더 철저하게 준비해야 한다.

인문계에서는 경제·인문사회연구회 소속의 연구 기관을 노려볼 수 있다. 한국개발연구원, 한국교통연구원, 국토연구원, 한국교육개발원 등이 여기에 해당된다. 사실상 문과 박사라면 대학교수가 아닌 직장 중 가장 선호하는 직장이 이와 같은 공공 연구 기관이다. 해당 기관마다 사정은 다르지만, 이 연구 기관들은 대부분 역사가 오래되고, 공공성을 짙게 띠고 있기 때문에 연구자들 사이에서도 인기가 높다. 이 기관들 역시 엄청난 수의 국내 박사를 감당하기에는 자리가 제한되어 있다. 경제·인문사회연구회 소속의 연구 기관에 가고 싶다면, 대학원 때부터 꾸준히 관심을 가지고 준비하면 유리하다.

필자 역시 경제·인문사회연구회 소속의 연구 기관에 여러 차례 지원했으며, 몇 차례 면접을 본 경험도 있다. 일반화할 수 없겠지만, 연구 기관은 말 그대로 '연구'를 잘할 사람을 찾는다는 인상을 받았다. 현재 필자도 연구 기관에 근무하고 있지만, 연구 기관에서는 엄청나게 쏟아지는 연구 보고서를 '잘' 써낼 수 있는 능력을 가진 사람이 필요하다. 발표를 잘 하는 사람, 토론을 잘 하는 사람, 사회를 잘 보는 사람이 필요하지만, 연구 기관에서는 기본적으로 여러분의 지원 분야에 대해서 글을 잘 쓸 수 있는 사람을 찾는다.

또 연구 기관은 연구프로젝트를 잘 이끌고 갈 만한 사람을 선호한다. 교수를 뽑을 때도 마찬가지겠지만, 연구 기관의 연구원은 협업하면서 수많은 연구 과제를 진행해야 한다. 연구원이 되면 하는 일이 연구 과제 기획하고 완수하는 일이다. 다른 연구자들과 협업하면서 분란을 일으키지 않고 일을 할 수 있는 사람을 선호한다. 지나치게 개성이 강해 보인다거나 말이 통하지 않을 것 같은 사람은 불리하다.

경제·인문사회연구회 연구 기관을 노리고 있다면, 그 연구 기관에 대해 평소에 관심을 갖고 준비해야 한다. 다른 사람들과 마찬가지로 필자도 시간에 쫓기면서 지원하다 보니 막상 어떤 연구 기관에서 내는 보고서를 진득하게 읽어 보거나 그 주제에 대해서 깊이 준비할 시간이 부족했다. 연구 기관 면접 때는 "이 회사의 어떤 점이 당신과 맞다고 생각합니까?"처럼 말랑말랑한 질문보다는 여러분 전공 서적에서나 나올 법한 학문적인 질문이 적잖게 나온다. 그 질문은 해당 연구 기관의 관심사에서 비롯된다. 그곳에서 발간한 보고서는 연구 기관의 관심사를 알기 위해서 가장 좋은 자료이다. 평소에 이런 보고서를 읽어 두는 게 연구 기관 면접을 볼 때 큰 자산이 된다. "우리 연구소에서 나온 보고서 중 기억에 남는 보고서가 있느냐?"라는 질문이 나오면, 자신 있게 대답할 수 있어야 한다.

연구 기관을 준비한다면, 연구 프로젝트 참여 경험이 도움이 될 수 있다. 연구 기관에서 하는 일이 기본적으로 연구 프로젝트를 통해서 결과물을 만들어내는 것이기 때문이다. 연구 프로젝트에 참여한 경험이 많다면, 그 경험을 이력서에도 넣을 수 있을 것이고, 실제 면접할 때도 큰 도움이 된다. 박사학위를 마치고 연구 기관으로 가고자 한다면, 논문을 쓰면서 가급적 연구 프로젝트 참여 기회를 확보하자.

◎ **프리랜서 연구자**

여러분은 프리랜서 연구자에 대해서 어떻게 생각하는가? 사실 잘만 된다면, 프리랜서 연구자는 모든 연구자의 로망이라고도 볼 수 있을 것이다. 저명한 대학교수가 되어서 학문적으로 이름을 날리는 것도 좋지만, 프리랜서 연구자가 되어서 연구, 강의, 집필을 하고 때로는 TV에 나가서 인터뷰도 하는 것도 멋있지 않은가? 물론 처음부터 프리랜서 연구자를 꿈꿨던 사람은 없겠지만, 세상에는 프리랜서로 활동하는 연구자들도 많다.

프리랜서란 어느 한 기관에 소속되지 않고 자신의 필요에 따라서 영리 활동을 하는 것을 의미한다. 크게 글쓰기, 강연, 유튜브 등의 활동이 여기에 해당된다고 할 수 있다. 최근에는 유튜브 채널이 각광받으면서 자신의 지식과 콘텐츠로 승부를 보려는 사람도 생겨나고 있다. 적은 수이긴 하지만 유튜버로서 직장인 부럽지 않은 수입을 올리는 성공 사례도 있다. 프리랜서도 전망이 비관적인 것만은 아니다.

프리랜서 연구자가 되기는 쉽지만, 성공한 프리랜서 연구자가 되는 일은 쉽지 않다. 먼저 여러분의 능력을 보고 일을 맡길 수요자가 있어야 한다. 또한 직장에 다니지 않는 이상 프리랜서는 현금 흐름에 대해서 걱정을 해야 한다. 수입이 불안정하니 불안감에 쫓겨 일중독이 될지도 모른다. 지금 당장 일이 넘쳐난다 해도 2~3년 후, 혹은 10년 후 지금처럼 일이 많을지도 장담할 수 없다. 프리랜서는 개인 자영업자이다. 철저한 준비가 필요하다.

그 모든 단점에도 불구하고 소속 기관과 윗사람의 눈치를 보지 않고 자신의 과업을 정할 수 있다는 것은 엄청난 장점이다. 또 조직 생활이 잘 맞지 않는다거나, 연구 영역이 명확하여 자신의 영역으로 충분히 수익을 올릴 수 있다면 프리랜서 연구자 역시 좋은 선택지가 될 수 있다.

◎ 학계에만 머물러야 할까?

대학원을 나오면 모두 교수나 연구 기관으로 갈 것 같지만, 소위 비非학계 직업을 가지게 되는 경우도 드물지 않다. 확률적으로도 대학원 졸업생에 비해 정규직 일자리는 엄청나게 모자란다. 그러므로 박사학위를 받은 뒤라도 먹고 살기 위해 학계가 아닌 곳으로 갈 수도 있다. 비학계로 갔다 해서 결코 그 사람의 연구 역량이 모자랐다고 할 수는 없다. 수많은 사람들이 수많은 사연으로 학계를 떠난다. 아르바이트로 학원 강사를 하다가 일타 강사가 되어 학계를 떠난 경우도 있다.

페이스북의 The Professor is Out이라는 커뮤니티는 학계를 떠난 사람들이 이야기를 나누는 곳이다. 이 커뮤니티의 글을 읽어보면, 학계에서 좋은 직장을 찾지 못하고 떠나는 경우도 있지만, 안정적인 직장을 잡은 후 학계를 떠난 경우도 많다. 학계에서 비정규직으로 일하다가 계약 연장이 안 되었다는 등등의 사정으로 학계가 아닌 곳으로 이직을 하는 경우가 많다. 커뮤니티의 분위기 때문이겠지만, 이직을 축하하고 부러워하는 사람도 많아 보인다.

학계를 떠나는 것은 용기를 필요로 한다. 특히 박사학위를 받기 위해서 아무리 적게 잡아도 최소한 5년 이상은 대학원에서 시간을 보냈을 텐데, 그 시간을 뒤로 하고 다른 일을 한다는 것은 정말 쉽지 않은 선택이다. 한 번 떠나면 돌아오지 못할 것 같은 생각도 든다. 학계가 아닌 곳으로 갈 경우 대학원에서 보낸 시간을 다시 되돌릴 수 없는 비용, 즉 '매몰비용'이라고도 볼 수 있다. 경제학적으로는 매몰비용은 고려하지 않는 것이 합리적이다.

학계 이외의 진로를 선택해야 할지 언제 알 수 있을까? 여러분이 지원할 수 있는 연구직이 1년에 몇 번씩 공고가 나온다면 연구직에 도전을 해 볼 수 있다. 서류 전형을 뚫고 면접까지 올라간 경험이 있다면 좀 더 노력해 볼 일이다. 자신의 전공 분야에 원서를 넣었는데, 서류 합격을 한 번도 하지 못했다면 깊이 생각해 볼 필요가 있다. 서류에서 계속 떨어진다는 것은 경쟁자들에 비해서 본인의 서류상 경쟁력이 부족하다는 이야기이다. 박사를 졸업하고 1년 이상 서류를 넣고 지원했는데 면접을 보지 못했다면, 진지하게 학계 이외의 진로를 고민해 볼 필요가 있다.

학계가 아닌 사회에서 박사 출신들을 바라보는 시선은 어떨까? 결론부터 말하자면, 부담스럽게 생각한다. 2022년 280개 기업의 인사 담당자를 대상으로 한 조사에 따르면 인사 담당자가 생각하는 불필요한 스펙 중 1위는 한국사, 한자 자격증(55.7%)이고, 2위는 극기, 이색 체험(49.4%), 3위는 석·박사학위(23.0%)가 차지했다.[33] 박사가 공부를 많이 했다는 것을 부인할 사람은 없다. 어디를 가도 당신에게는 '박사'라는 칭호가 따라붙을 것이다. 연봉을 책정할 때 당신이 박사 출신이기 때문에 지나치게 높은 연봉을 부르지는 않을까, 고민하는 사장도 많을 것이다. 박사를 받았다고 연봉이 높을 수는 없다. 이 정도 어려움은 각오를 해야 한다.

더 큰 문제는 취직 자체가 쉽지 않다는데 있다. 일단 박사학위 취득자는 대졸 공채 신입 사원은 지원조차 할 수 없다. 문과 박사의 경우 교육업계나 출판업계로 가는 경우가 종종 있는데, 그나마 논문 내는 과정이 교육과 출판에 연관이 있기 때문이다. 이 경우, 생각했던 것보다 연봉이 높지 않을 수 있다. 교육과 출판보다는 컨설팅 회사에 취직하는 경우가 조금은 더 많은 것 같다. 컨설팅 회사나 스타트업 기업에도 박사들이 할 일은 있다. 그들이 하는 일의 대부분이 제안서를 쓰고, 보고서를 작성하는 일이기 때문에 어느 정도는 문과 박사와 상통하는 측면이 없지는 않다. 컨설팅 회사나 스타트업을 노린다면 엑셀과 PPT, 그리고 최근 많이 쓰고 있는 파이썬과 같은 컴퓨터 프로그램도 공부해 둘 필요가 있다.

개인적인 느낌이지만, 학계에 머물다가 일반 회사로 간 대부분의 사람들은 자신의 일을 만족스럽게 생각하는 경향이 있다. 많은 박사학위 취득자들이 오랫동안 대학원에서 자신의 능력을 제대로 인정받지 못한 채 지냈기 때문에, 회사 실무에서 자신이 생각보다 잘하는 것을 발견하고 희열을 느끼는 것 같다. 연구자 유전자가 있다면, 한 번쯤 "그때 더 참고 기다려 교수가 될 걸 그랬다."고 생각하기 마련이다. 그러나 분명한 것은 박사학위 취득자에게 선택지는 항상 많지가 않다는 사실이다.

박사학위를 가졌다 하더라도, 기회가 되면 일반 회사로 진출하는 것에 대해서 지나치게 두려움을 가지지 않아도 된다. 인생은 길어서 한 번 벗어났다고 끝이 아니다. 여러분은 학위를 가지고 있다. 학계 아닌 곳으로 갔다고 해서 학위가 취소되는 것은 아니다. 언젠가 여러분이 필요성을 느낀다면 돌아올 준비를 하고 학계에 돌아올 수도 있다, 쉽지는 않겠지만. 넓은 세상을 본 뒤에 여러분이 학계로 꼭 돌아가야 할 이유를 발견하지 못할 수도 있다. 한 번 사는 인생, 자신이 원하는 일을 하고 사는 것이 가장 후회 없는 선택이다.

면접에서 살아남기

대학원에 입학할 때도, 그리고 박사를 받고 취직할 때에도 여러분은 면접이라는 장벽을 통과해야 한다. 필자는 나름 풍부한(?) 면접 경험이 있다. 이직이 많았으니 그만큼 면접도 많이 봤다. 면접에 대해 요점 정리를 해 볼까 한다.

면접에는 2가지가 필요하다. 하나는 '준비', 다른 하나는 '정직'이다. 면접에서는 성실의 원칙이 통한다. 준비를 할수록 유리해진다. 어려운 질문도 내가 잘 준비했다면 당황하지 않고 답변을 잘 할 수 있다. 답변을 할 때 자신의 강점을 내세우되 잘 모르는 것에 기대거나 과장을 해서는 안 된다. 질문에는 항상 후속 질문이 따라올 수 있다. 잘 모르는 사실에 대해 말을 했다가는 된통 당할 수 있다! 먼저 '준비'할 내용을 점검해 보자.

◎ 옷차림

면접 시 옷차림은 단정한 정장 차림이 좋다. 평소 교수나 면접관들을 잘 알고 지냈더라도 이때만큼은 공적인 자리라고 생각하고 단정하게 입는다. 가장 현실적인 조언은 "보수적으로 입으라."는 것이다. 자유로운 영혼을 보여 주기 위해서 후드 티를 입고 갔다는 천재들의 일화도 있지만, 면접에서 점수를 깎이지 않는 것이 우리 같은 보통 사람의 중요한 전략이다. 그래서인지 면접장에 가면 복장이 교복처럼 비슷하긴 하다. 면접장에서 명품 시계와 액세서리로 치장한 사람을 종종 보는데 큰 도움이 되는지 잘 모르겠다.

◎ 마음의 준비

필자가 겪었던 최악의 면접은 면접관이 무슨 질문을 하는지 필자가 전혀 이해를 못했던 경우이다. 반대의 경우도 마찬가지이다. 뭔가 한참 말을 지어내어 설명하고 있는데, 면접관이 "지금 내가 무슨 질문을 했는지 이해하지 못하고 있다."고 면박을 주었다. 얼굴이 확 달아올랐다. 면접 시 압박 면접이라고 해서 시니컬한 질문과 공격적인 코멘트를 하는 사람들이 여전히 있다. 마음을 단단히 먹자.

면접 당일에 어떤 옷을 입고 갈지 정하고 미리 잘 다려 놓는다. 그러면 면접 날 아침에 허둥대는 시간을 줄일 수 있다. 자기가 쓴 모든 서류는 몇 번째 칸에 무슨 문장을 썼는지 기억할 수 있을 정도로 숙지한다. 단순히 자신이 어떤 글을 썼다는 것을 아는 수준이 아니라, 자신의 글이 가진 의미를 이해하고 있어야 한다. 누군가 "이 문장의 뜻은 무엇입니까?", "이 단어는 왜 여기에 썼죠?"라고 물어볼 때 대답할 수 있어야 한다. 자기 지원 서류에 '숫자'를 썼다면 잘 기억해 두자. 숫자에 집착하는 연구 기관이 생각보다 많다.

필자는 지원서에 '스마트 시티'라는 단어를 썼던 적이 있다. 공부를 하는 사람이라면 "이 사람은 스마트 시티에 대해서 어떻게 정의할까?"라고 궁금해 할 것이다. 그래서 예상대로 "당신이 생각하는 스마트 시티의 정의는 무엇인가?"라는 질문을 받았다. 사람들은 이처럼 키워드에 민감하게 반응하기 때문에 여러분이 예상했던 질문이 나올 수도 있다. 필자는 '스마트 시티'에 대한 질문이 나오리라 예상은 했다. 그런데 제대로 준비를 하지 못했다. 답변은 만족스럽지 못했고, 면접장을 나와서 이불 킥을 했다. 면접에 이 단어가 나올 것을 알았는데, 성실하게 준비해야 했다고 정말 많이 후회했다. 이런 키워드를 전략적으로 사용해서 필자의 강점을 뽐낼 기회가 될 수 있었다. 이건 정말 중요한 전략이다. 그 기회를 놓쳤으니 필자는 이불 킥을 했던 것이다.

전공 개념에 대한 질문을 던지는 면접관도 있다. 전공 개념은 하루 이틀 공부한다고 대비할 수 있는 것은 아니지만, 최선을 다할 필요도 있다. 다만, 면접을 앞두고 모든 전공 개념의 뜻을 암기한다는 것은 불가능하며, 비효율적이다. 전공책을 읽으면서도 "어떤 질문이 나왔을 때, 어떤 답변을 해야 할까?" 떠올리면서 읽어 보는 것이 좋다.

◎ **동영상 촬영**

최선의 면접 준비는 자기 스스로 테스트해 보는 것이다. 확실한 방법은 자기 자신을 동영상으로 촬영해 보는 것이다. 자신이 대답하는 동영상을 보면서 목소리가 크거나 작지는 않은지, 굳은 표정을 짓지는 않았는지, 예의 없어 보이지 않는지 확인한다. 스마트폰이나 노트북 기본 캠을 이용해도 좋다. 필자는 발음이 정확하지 않고 소리를 흘리는 버릇이 있었는데, 동영상 촬영을 한 이래로 많이 고칠 수 있었다. 동영상을 이용해서 목소리와 표정과 태도를 가다듬는 것은 면접뿐 아니라 발표, 사회생활 전반에 도움이 된다. 꼭 실천해 보기를 추천한다.

◎ 몸가짐

술이나 담배를 즐긴다면 최소한 면접을 보기 전에는 자제하라. 감각이 예민한 면접관들은 손과 얼굴, 머리칼에서 술과 담배의 흔적을 느낄 수 있다. 면접 때 이런 것을 안 지키는 사람이 있을까? 그런 사람들이 있다! 당신도 그럴 수 있다. 가급적 좋은 컨디션의 얼굴을 보여 주는 것도 하나의 전략이다.

◎ 예의

면접자의 행동과 얼굴 표정은 많은 정보를 담고 있다. 아주 짧은 순간이지만 질문을 제대로 경청하고 있는지, 혹은 지나치게 긴장하고 있는 것은 아닌지 금방 알 수 있다. 다리를 떨지 말자. 팔짱도 끼지 말자. 너무 가벼워 보이는 말투나 행동은 "이 사람이 면접에 진지하게 임하고 있지 않다."는 느낌을 주니 주의하자. 아주 사소한 행동에서 면접자의 태도가 드러난다. 면접 때 예의는 교수님을 깍듯이 모실 것 같은 이미

지를 주어야만 하는 것은 아니다. 예의를 갖춰서 자신이 이 조직에 맞는 사람이라는 것을 최대한 어필할 필요가 있다.

◎ 경청은 면접 최고의 무기

면접관들이 질문을 할 때는 최대한 경청하는 자세를 보여야 하며, 실제로 경청하는 것이 중요하다. 그래야 정확한 대답을 할 수 있기 때문이다. 면접관의 입장에서 보면, 면접 지원자들은 의외로 질문자의 질문을 잘못 알아듣고 답하는 경우가 많다. 면접도 대화의 일부이니, 묻는 질문에 대해 정확하게 답변을 하는 것이 가장 중요하다. 좋은 인상을 주는 것이, 말을 많이 하는 것보다 훨씬 유리하다. 말을 많이 하거나, 청산유수처럼 말을 잘한다고 해서 좋은 인상을 주는 것은 절대 아니다. 중요한 것은 '상대방의 질문'을 정확하게 듣고 그 질문에 대한 대답을 하는 것이다.

◎ 미소는 우호적인 면접 분위기를 연출한다

면접장에서 가장 좋은 결과는 '자신에게 우호적인 분위기를 연출하는 것'이다. 우호적인 분위기란 교수 혹은 면접관들이 "어, 저 친구 흥미로운데?", "저 친구 성실하게 열심히 할 것 같은데?"라고 느끼게 하는 것이다. 이런 인상을 주었다면 면접은 성공했을 가능성이 높다. 물론 면접 성공은 지원자가 대답하는 내용이나 평소 준비해온 콘텐츠에 크게 좌지우지된다. 그러나 면접관에게 우호적인 분위기를 연출하는 것은 콘텐츠만으로 부족하다.

면접관의 표정은 딱딱하게 굳어 있을 가능성이 크다. 이때 여러분이 면접관을 기분 좋게 만들 방법은 미소를 지어 보이는 것이다. 여기서 '미소'란 얼굴 표정을 밝게 하는 것으로 '깔깔거리고 웃는 것'도 아니고, '호탕한 웃음을 짓는 것'도 아니다. 말 그대로 밝은 기운을 가볍게 유지하는 것이다. 너무 깔깔대고 웃는 것은 추천하지 않는다.

"저는 평소에 웃는 습관이 안 배어 있어 어색한데요."라고 말하는 사람도 있다. 그렇다면 거울을 보면서 자신이 밝아 보이는 표정을 찾아 연습하는 것도 방법이다. 동영상 촬영을 통해서 평소 미소를 연습해 보라. 동영상이 귀찮다면 화장실 거울 앞에서 한 번씩 연습하는 것도 아주 좋다.

◎ 모르는 것은 모른다고 말할 용기

자신감을 가지고 면접에 임하라는 말은 진부하게 느껴진다. 그러나 의외로 많은 지원자들이 면접장에서 너무나 자신감 없는 모습을 보인다. 자신감의 원천은 '준비'에 있다. 준비를 잘했다면, 어떤 질문이 들어왔을 때 말에 무게가 실린다.

혹시 면접 준비가 부족했다고 생각하면, 어떻게 해야 할까? 자신감을 가지되, 만용을 부려서는 곤란하다. 면접장에서 자신감 있게 답변하되, 모르는 것이 나오면 "모른다."고 정직하게 대답하면 된다. 대학원 입학 면접이라면 "제가 이 부분을 잘 모르지만, 혹시 입학 기회가 주어진다면 대학원에서 이 개념에 대해서 보다 정확하게 연구해 보도록 하겠습니다." 정도로 답변하는 것이 안전하다.

취업 면접에서 정말 합격이 절실했던 나머지, 필자는 모르는 질문에 대해서 "제가 면접 끝나고 바로 알아보고 연락드리겠습니다."라고 했던 적이 있었다. 그리고 실제로 그 내용에 대해서 전문가의 자문을 받아서 문서를 작성하여 인사 담당 직원에게 "면접관에게 약속했던 것이라 공식 답변을 써 왔습니다."라고 하면서 전달해 달라고 부탁했던 적이 있다. 지푸라기라도 잡고 싶었다. 합격이 절실했기 때문에 그렇게 했다. 결과는 불합격이었다. 불합격으로 끝났지만, "이렇게까지 노력했다."고 스스로를 위로했다. 면접은 면접장에서 끝난다. 면접관은 그 내용이 정말로 궁금한 것이 아니라 지원자가 어떻게 대답하는지 보고 싶었을 뿐이다. 지금 생각하면 너무 창피한 행동이지만, 그 장면이 나의 절실함을 보여준 것 같아서 애잔한 느낌이 든다.

모르는 질문이 나왔을 때 최악의 대처는 아는 척하는 것이다. 자신이 무엇을 모르는지 아는 것이 중요하다. 자기가 잘 모르는 내용의 질문이라면 아는 데까지만 성실하게 답변하고 "그 사안에 대해서는 제가 아직 충분히 공부하지 못했습니다."라고 말하는 수밖에 없다. 여기까지는 면접을 준비하는 사람들의 공식 답변일 것이다.

그런데 면접 내내 여러분이 모르는 내용만 물어본다면 어떻게 해야 할까? 지원자는 면접관의 질문에 대해 뭔가 말하고 싶은 충동이 들 것이다. 예를 들어, 교수 혹은 면접관이 정말 특수하고 지엽적인 개념을 물을 수도 있다. 교수 혹은 면접관 입장에서 지원자가 모르는 것은 당연하고, 지원자의 대처 방법이 궁금했을 수도 있다. 이 경우에 "모른다."고 대답하는 것은 비교적 안전한 선택이다. 조금은 위험한 선택이지만, "제가 예전에 심리학 수업을 들은 적 있었는데, 그때 행동심리학에서 그 개념을 들어본 적 있는 것 같지만, 개념을 정확히 잘 모르겠습니다."라는 정도로 말하는 것도 해 볼 만한 도전이다. 이 대답이 완전히 헛다리를 짚은 것이라면, 면접에서 마이너스 요인이 될 가능성을 감수해야 한다.

어려운 질문을 하는 이유는 면접자가 그 상황에서 어떻게 대처하는지 보고 싶기 때문이라는 점을 알고 있으면 좋을 것 같다.

◎ 간결하게 말하기

오랫동안 길게 말하는 것도, 너무 단답형으로 일관하는 것도 좋지 않다. 단답형으로 말하면 지원자가 무뚝뚝하다는 인상을 줄 수 있으며, 너무 길게 말하는 것은 누구도 좋아하지 않는다.

면접관이 "해외 경험이 있는가?"라는 질문을 했을 때, 다음과 같은 답변 중 어떤 답변이 좋을까?

> A 있습니다.
> B 대학교 2학년 때 캐나다에서 1년 어학 연수를 했습니다.
> C 제가 영어가 많이 부족하다고 느껴서 2학년 때 워킹 홀리데이 비자를 신청했는데 여러 차례 떨어져서 상심하던 차에 좋은 기회를 얻어 캐나다에서 1년 연수를 하게 되었습니다.

A의 대답은 너무 단답형이다. 물론 A는 질문에 대해 답했다. 그러나 면접관이 지원자를 좀 더 이해하기 위해서는 질문 내용에 대한 정보를

조금 구체적으로 추가할 필요가 있다. 핵심은 캐나다에서 1년 어학 연수를 갔다 온 것이다. B의 경우가 적절한 정보이다. C의 경우는 불필요한 정보를 너무 많이 주고 있다. 워킹 홀리데이 비자를 신청했다가 떨어진 이야기는 굳이 불필요한 사생활일 뿐이다.

면접할 때는 면접관 혹은 질문자를 배려해 육하원칙에 맞게 대답하되, 불필요한 정보를 나열하지 않는 것이 좋다. 불필요한 정보는 상대를 피곤하게 만든다. 지금 이 순간 여러분 주변의 불필요한 정보를 늘어놓는 사람을 한 번 떠올려 보자.

◎ 정확한 발음과 발성

면접 때 목소리가 상대에게 들리지 않는 경우가 의외로 많다. 자신의 목소리가 상대방에게 정확히 들리는지 점검하고, 부족하다면 연습할 필요가 있다. 발음, 발성 점검도 동영상 촬영이 효과적이다. 자신의 목소리가 남에게 잘 들리는지 안 들리는지 알지 못할 때가 많다. 상대방의 입장에서 자신의 모습을 점검해 보는 것이 중요하다. 거듭 강조하지만, 면접 연습을 할 때는 동영상을 찍는 것만큼 좋은 것이 없다. 찍고 확인하면서 자신의 발성과 발음을 확인하라.

◎ 면접 때 받아 봤던 질문들

대학원 2번 입학과 수차례의 이직으로 필자는 남부럽지 않은 면접 횟수를 갖고 있다. 지금까지 면접장에서 받은 질문 중 엄선하여(!) 몇 개를 추렸다. 대략 이런 질문을 받았을 때 어떻게 대답할 것인지 생각해 보면 좋을 것 같다. 사회과학 계열 대학원과 연구원에서 받았던 질문이다. *표는 2번 이상 받아 본 질문이다.

【대학원】

- 왜 대학원에 오려고 하는가?

- 꿈이 무엇인가?

- 양적 방법론과 질적 방법론의 차이가 무엇인가?

- 연구 계획서에 보면 관심사가 다양한데 대학원에서 적응할 수 있겠는가?

- 연구 계획서에 특정 학자에 대해서 썼는데. 그 사람이 누구이며 어떤 연구를 했는가?

【연구원】

- 이자율의 현재 수준은 적정한가? (원래 질문은 "현재 경제적 타당성에서 적용하는 사회적 할인율은 적당한가?")

- 수요 추정에는 어떤 방법들이 있는가?

- 미래 사회에 수요 추정에 고려해야 할 요소가 있다면 무엇인가?

- (지원 직무 관련) 제도를 개선할 수 있는 방안에 대해서 생각해 본 것이 있는가?

- 직장 상사와 의견이 다를 때는 어떻게 하겠는가? *

- 팀 내에 잘하는 사람과 못하는 사람이 같이 있을 때 어떻게 팀을 이끌어 나가겠는가?

- 석사논문에서 썼던 방법론은 무엇인가? *

- 이직 경력이 많은데 정적인 연구 기관에 와서 적응할 수 있겠는가?

전공마다 차이야 있겠지만, 이런 질문은 기본적인 질문이다. 깔끔하면서도 자신을 드러낼 수 있는 답변이 준비되어 있어야 한다. 나올 수 있는 질문은 이 밖에도 무궁무진하다.

면접은 나와의 경쟁이기도 하지만, 남과의 경쟁이기도 하다. 남보다 잘해야 한다. 그러기 위해서는 준비가 90이고 임기응변이 10이다. 카메라 앞에서 자신의 모습을 다듬고 또 다듬자. 연구자에게는 말하는 태도뿐 아니라 말하는 내용도 중요하다. 면접을 앞두고 갑자기 유식한 사람이 될 수는 없다. 평소 전문가가 될 수 있도록 전문 지식을 쌓는 것이 중요하다. 쌓은 전문 지식을 입 밖으로 내서 연습하는 것은 아주 중요하다. 면접 전에 연습하고, 또 연습하자. 연습만이 살 길이다.

"박사논문 쓰고 살아남은 이야기"

이 책을 마치며 내가 박사논문 쓴 이야기를 간략히 들려 드리고 싶다.

나는 박사논문에 2년 반의 세월을 썼다. 주제 잡는데 1년, 자료 조사하는데 1년, 집필에 1학기를 보냈다.

논문 제목은 'Public-private production of space: the financial geography of infrastructure provision in South Korea(민간투자 사업 방식을 활용한 공간 생산: 하부구조 공급에 관한 금융지리학적 접근)'으로 영어로 작성했다. 그때에는 번역기가 지금처럼 섬세하지 않았다. 먼저 한글로 완전히 논문을 다 쓴 다음 꾸역꾸역 사전을 찾아가면서 영어로 번역했다. 당시 한국에서 공부하던 제이(Jay)라는 친구가 영문 제목을 끝까지 함께 고민해 주었다.

원래 박사논문 심사 과정은 힘들기로 악명이 높다. 심사 위원들에게 잘근잘근 씹히고, 앞으로 갔다 뒤로 갔다, 도대체 이게 천국인지 지옥인지 모를 정신없는 날들이 펼쳐진다. 과장이 아니라, 울면서 밤을 새는 사람도 많다. 나의 논문 심사는 다행히 그럭저럭 지나갔다. 중간 발표도 그럭저럭 지나가고, 공격적 질문도 받았지만 심사도 그럭저럭 넘길 만했다. 논문을 영어로 쓴 덕분에 약간의 동정표(?)도 받았던 듯싶다.

논문을 다 쓰고 나니, 외국의 대학 교수가 논문 원본을 보내 달라고도 하고, 어떤 사람은 논문 잘 썼다고 문자도 보내 주었다. 우쭐했다. 하지만 취업 문턱에서 몇 번 미끄러지니 우쭐함은 금세 사라지고 초조해졌다.

수입이 없던 나는 직장을 찾아야 했다. 포닥 자리는 포기했다. 그리고 학계가 아닌 곳으로 흘러 들어갔다. 몇 번의 이직 끝에 나는 다시 연구원으로 일하기 위해 지원자 신분으로 박사논문을 발표하게 되었다.

수많은 공격이 쏟아졌다. 제법 시간이 지난 연구이기 때문이기도 하지만, "도대체 금융지리학이란 무엇인가?"라는 질문이 압도적으로 많았다. 연구자들 사이에서도 '금융지리학'이라는 개념은 아주 낯선 것이었다. 정치경제학에서 금융화(financialization)는 후기 자본주의에서 금융의 역할이 비대하게 된다는 뜻이다. 공간을 통해서 이와 같은 금융화를 증명하려는 급진지리학에서 언급되는 개념이 금융지리학이다. 아는 사람도, 관심을 두는 사람도 별로 없는 특수한(!) 분야이니, 생소할 법도 했다.

박사논문 과정을 통해 재무제표를 좀 더 잘 읽을 수 있게 되었고, 사업타당성 검토에 필요한 순현재가치(NPV), 내부수익률(IRR)도 엑셀로구할 수 있게 되었다. 해 보면 썩 어려운 기법은 아닌데, 사회에 나와서보니 이 수치를 엑셀로 구해 보지 않은 사람이 생각보다 많음을 알게되었다. 다행히 그런 장점을 잘 어필해서 연구원에서 일하게 되었다.

돌고 돌다가 나는 내가 박사논문에서 비판해 마지않던 그 '정부 산하연구 기관'의 일원이 되었다. 수요 추정을 해야 하고, 또 경상 수지 분석을 통해서 타당성을 검토한다. 나중에 누가 박사논문을 쓰면서 내이름으로 나간 보고서를 입수해서 수요가 과대 추정되었다고 비판하는 논문을 쓸지도 모르겠다. 비판은 따갑겠지만, 보고서가 세상에 나가 사람들의 관심을 얻고, 세상일이 굴러가는 데에 조금 도움이 되는것이 아닐까 한다.

얼마 전 만난 박사과정 대학원생에게 다음과 같은 질문을 들었다. "취업이 쉽지 않은 걸 아는데, 박사논문 쓸 때 박사논문만 준비해야 하나요, 아니면 취업도 같이 준비해야 하나요?"

그 말을 하는 심정이 오죽했을까. 대학원을 졸업해도 직장에서 얼씨구나 반겨주지 않을 것을 알기 때문에 불안한 것이다. 열심히 공부하는 학생임에 분명했다. 나는 이렇게 대답했다. "박사논문은 인생에 한 번 쓰는 거니까, 올인하는 게 좋을 것 같아요. 시간이 좀 늦춰져도 장기적 관점에서 보면 박사논문에 최선을 다하는 게 남는 투자입니다."

나는 박사논문에 순수하게 2년 반을 갈아 넣었다. 당시 아이도 둘 있었고, 집안 사정도 결코 녹록하지 않았다. 나의 박사논문이 대단한 것은 아니지만, 2년 반을 투자한 것은 부인할 수 없다. 누가 시키지 않아도 정치인을 찾아가고, 기자를 찾아가고, 공무원을 만나고, 은행원과 증권사 직원을 찾아다니며 인터뷰를 하고 글을 썼다. 이 글을 쓰는 원동력도 박사논문에 순수하게 갈아 넣은 시간에 대한 자신감, 자부심일 것이다. 인생이 롤러코스터를 타는 바람에 학계에 금융지리학을 정착시키겠다는 꿈은 실현시키지 못했지만, 지방재정과 지역 언저리에 관련된 일을 하면서 실무를 다지고 있다. 알라딘이 탄 양탄자처럼 박사논문이 나를 여기로 데려온 것 같다는 생각을 가끔 한다.

1 김박사넷(www.phdkim.net)과 같은 사이트에는 교수 연구실의 분위기를 대학원생이 익명으로 남기기 때문에 참고할 만하다. 물론 모든 교수에 대한 모든 정보가 있는 것은 아니다.

2 https://kiss.kstudy.com/

3 http://www.riss.kr/index.do

4 서울대학교 대학원 입학 서류는 아래 링크에서 다운받을 수 있다. https://admission.snu.ac.kr/graduate/general/fall/download

5 고려대학교 대학원 입학 서류는 https://graduate.korea.ac.kr/matriculate/koreans_n.html에서, 서강대학교 대학원 입학 서류는 https://gradsch.sogang.ac.kr/gradsch/gradsch03_1_1.html에서 다운받을 수 있다.

6 김예랑. 2019. 사회복지 대학생의 회복탄력성과 다차원적 자아존중감이 의사소통의 개방성에 미치는 영향에 대한 분석. 『인문사회21』, 10(1): 201-216.

박현숙, 도미향. 2019. 어머니의 회복탄력성이 양육효능감의 매개를 통해 유아의 자아 존중감에 미치는 영향. 『한국가족복지학』, 24(1): 55-67.

박유미. 2017. 예비유아교사의 회복탄력성, 교육실습불안, 자아존중감과의 관계. 『창조교육논총』, 19(0): 107-121.

7 이 부분은 필자의 브런치(www.brunch.com/@skyreesea) 글을 토대로 했다.

8 Hall, S. (2012). Geographies of money and finance II: Financialization and financial subjects. *Progress in Human Geography,* 36(3), 403-411.

9 "Subjectivity is the experience of being a human subject. Subjectivation is the process by which one becomes a subject." https://sk.sagepub.com/books/key-concepts-in-critical-management-studies/n50.xml

10 학과마다 다르겠지만, 세미나 수업에서는 기말에 시험을 보는 대신 '텀 페이퍼(term paper)'를 내준다. 텀 페이퍼는 그 학기에 배운 내용 중 본인이 흥미 있는 주제를 잡아서 소논문 형식으로 글을 써서 제출하는데, 사실상 학기의 '결산' 성격을 지닌 숙제이다.

11 석사학위만을 가지고도 학회지에 논문을 발표하는 것은 자유이다. 여기에서 말하는 '라이선스'란 전문 학자라고 사회적으로 인정하는 암묵적 기준을 의미한다.

12 이 설명이 다소 조심스러운 것은 연구자들 간에도 견해 차이가 있기 때문이다. 이 책에서 쓰는 설명 방식은 대부분 저자의 생각임을 밝힌다.

13 광전 효과(photoelectric effect)는 빛의 입자성으로 인해 금속판에 일정한 진동수 이상의 빛을 비추면 표면에서 전자가 튀어나오는 현상이다. http://news.samsungdisplay.com/27157

14 물론 사안의 특수성을 각각 따져 보아야 한다.

15 https://cri.snu.ac.kr/graduate/academics/paper/guide

16 전형철, 형남원. (2018). 주택의 매매 및 전세가격의 확산효과에 대한 분석: 강남효과를 중심으로. 『주택연구』, 26(1), 63-88.

17 Kelling, G. L., & Wilson, J. Q. (1982). Broken windows. *Atlantic monthly*, 249(3), 29-38.

18 Experimental evidence for the Broken Window Theory(url: http://cognitionandculture.net/blogs/nicolas-claidires-blog/experimental-evidence-for-the-broken-window-theory/)

19 깨진 유리창 이론은 실제 뉴욕 도시 정책 성공의 이면에는 그에 따른 문제점이 있었고, 경찰들의 시민행동 통제와 범죄율 감소는 인과관계가 아니라 상관관계라고 주

장하는 학자들이 있다. 자세한 내용은 다음 항목을 참조. https://en.wikipedia.org/wiki/Broken_windows_theory#Other_factors

20 김영제, 한상일. (2008). 깨진 유리창이론(Broken Window Theory)에 대한 실증적 분석: 물리적 환경설계와 지역범죄통제 거버넌스의 효과를 중심으로. 『행정논총』, 46(4), 229-252.

21 이동민. (2014). 마음챙김 학습을 통한 지역에 대한 균형잡힌 태도 함양에 관한 연구. 서울대학교 박사논문.

22 김수현. (2019). 개인투자자는 왜 실패에도 불구하고 계속 투자를 하는가?: 서울 매매방 개인 전업투자자의 꿈과 금융시장 간파. 서울대학교 석사논문.

23 김한이, 김용진. (2019). 사회취약계층 비만의 지역 격차에 관한 연구. 『한국콘텐츠학회논문지』, 19(4), 682-689.

24 심리학에서 자기 효능감(自己效能感, self-efficacy)은 어떤 상황에서 적절한 행동을 할 수 있다는 기대와 신념이다. 캐나다의 심리학자 앨버트 밴듀라가 제시한 개념이다.

25 조중현, 손정락. (2013). 마음챙김 기반 인지치료(MBCT) 프로그램이 마약류 중독자의 우울, 충동성 및 단약 자기효능감에 미치는 효과. *Korean Journal of Clinical Psychology*, 32(1), 13-31.

26 마음챙김과 명상의 차이는 다음 사이트를 참고. https://littlefreedom.tistory.com/10

27 많은 연구가 이 주제를 다룬다. 김구회, 김기홍, 김재태. (2016). 학군 이주수요가 아파트 가격에 미치는 영향. 『한국정책과학학회보』, 20(4), 157-171.

김경민, 이의준, 박대권. (2010). 초·중·고등학교 수요가 서울시 구별 아파트 가격에 미치는 영향. 『국토연구』, 통권 65호, 99-113.

28 영어 논문에서 method라고 표현하는 것을 '연구방법'이라고 부르고, methodology 는 '방법론'이라고 해석한다. 방법론이라는 용어는 연구방법 자체를 의미한다. 예를 들어, 통계 분석 방법을 더욱 발전시키기 위한 연구는 방법론 연구라 할 만하다. 현실 적으로 많은 논문에서 methodology를 그냥 연구방법과 같은 의미로 사용하기도 한 다. 이 책에서는 좀 더 직관적이고 친숙한 용어인 '연구방법(meothd)'을 기반으로 논 의를 전개한다.

29 연구모형과 연구 모델 모두 쓸 수 있는 용어이지만, 이 책에서는 연구 모델이라고 통 일해서 사용한다.

30 이숙, 김명진. (2015). 부와 모의 공감능력이 아동의 정서조절능력에 미치는 영향: 자 아존중감의 매개효과를 중심으로. 『놀이치료연구』, 19(3), 1-18.

31 이종태. 맥쿼리의 9호선, 민영화의 민낯. '시사인', 2012. 05. 01.

32 김선영, 박성매, 박부진. 2013. 사례 연구: 집단치료놀이 프로그램이 한부모 가정 아 동의 자아 존중감과 정서적 부적응 행동에 미치는 효과. 『놀이치료연구』, 17(2), 109-124.

33 http://digitalchosun.dizzo.com/site/data/html_dir/2020/06/24/2020062480223. html